Iniciación a la creación de páginas web. IFCD010PO

Antonio Jesús Blanco Morales

ic editorial

Iniciación a la creación de páginas web. IFCD010PO
© Antonio Jesús Blanco Morales

1ª Edición

© IC Editorial, 2025

Editado por: IC Editorial
c/ Cueva de Viera, 2, Local 3
Centro Negocios CADI
29200 Antequera (Málaga)
Teléfono: 952 70 60 04
Fax: 952 84 55 03
Correo electrónico: iceditorial@iceditorial.com
Internet: www.iceditorial.com

ISBN: 978-84-1184-666-0
Depósito Legal: MA 474-2025

Impresión: PODiPrint
Impreso en Andalucía – España

Nota de la editorial: IC Editorial pertenece a Innovación y Cualificación S. L.

Especialidad formativa

Se entiende por especialidad formativa la agrupación de contenidos, competencias profesionales y especificaciones técnicas que responde a un conjunto de actividades de trabajo enmarcadas en una fase del proceso de producción y con funciones afines.

Las especialidades formativas de Uso General, Formación Complementaria, Formación Modular y las especialidades formativas dirigidas a la obtención de certificados de profesionalidad se incluyen en el Fichero de Especialidades del Servicio Público de Empleo Estatal para su gestión en todo el territorio nacional por cualquier Administración competente.

Las especialidades complementarias, pertenecen todas a la Familia profesional de Formación Complementaria (FCO) y tienen la consideración de formación transversal en áreas que se consideran prioritarias tanto en el marco de la Estrategia Europea para el Empleo y del Sistema Nacional de Empleo como en las directrices establecidas por la Unión Europea. Se consideran áreas prioritarias las relativas a tecnologías de la información y la comunicación, la prevención de riesgos laborales, la sensibilización en medio ambiente, la promoción de la igualdad, la orientación profesional y aquellas otras que se establezcan por la Administración competente.

Las especialidades de Certificado de profesionalidad tienen una duración especificada en su normativa reguladora.

En el resultado de la búsqueda, se muestran las unidades de competencia, todos los módulos formativos con su duración y las unidades formativas del certificado correspondiente, con su duración. Las horas del certificado, exclusivo de las especialidades de certificado de profesionalidad, con alta igual o superior a 2008, son las horas totales más las horas del módulo de Prácticas Profesionales no Laborales.

⮑ **Si la especialidad tiene unidades formativas,** las horas totales, presencial, distancia, teleformación serán igual a la suma de esas horas de las unidades formativas de los distintos módulos, sin que se repita ninguna Unidad formativa.

➲ **Si la especialidad no tiene unidades formativas,** las horas totales, presencial, distancia, teleformación serán igual a las sumas de esas horas de los módulos formativos, eliminando las horas de los módulos repetidos.

https://sede.sepe.gob.es/especialidadesformativas/RXBuscadorEFRED/BusquedaEspecialidades.do

(Fuente: Servicio Público de Empleo Estatal)

Índice

Unidad de aprendizaje 4
Animación de gráficos

Unidad de aprendizaje 5
Optimización y limitaciones del diseño

OBJETIVOS GENERALES

Los objetivos generales del **IFCD010PO. Iniciación a la creación de páginas web,** son los siguientes:

- ⮞ Diseñar y planificar páginas web básicas.
- ⮞ Conocer y entender los elementos básicos que componen internet, sus herramientas principales y cómo funcionan.
- ⮞ Establecer las bases que deben cumplir la estética, el contenido y la estructura de un sitio web antes de su programación.
- ⮞ Introducir al alumnado en el lenguaje HTML y crear las primeras estructuras de una página web.
- ⮞ Diferenciar las diferentes maneras de dinamizar una página web con imágenes y vídeos.
- ⮞ Conocer cómo optimizar el diseño de la página web para maximizar la experiencia de usuario.

Introducción a internet

Introducción a internet

Contenido

Objetivos

El objetivo general de esta Unidad de Aprendizaje es:

→ Conocer y entender los elementos básicos que componen internet, sus herramientas principales y cómo funcionan.

Los objetivos específicos de esta Unidad de Aprendizaje son:

→ Conocer los principales elementos y conceptos que forman parte de internet.

→ Saber diferenciar entre distintos términos similares, como son navegadores-buscadores, webs-servidores web, etc.

→ Tener conocimientos de las distintas soluciones de programas y *software* de correo electrónico, navegadores y otras herramientas del universo de internet.

→ Establecer las bases para el desarrollo de una página web.

1. Introducción

Internet se ha convertido en parte esencial de la vida de las personas porque es lugar donde hacemos consultas, buscamos productos y servicios para nuestra vida diaria, pasamos gran parte de nuestro tiempo libre, compartimos nuestras vivencias y pensamientos...

Durante el desarrollo de esta unidad vamos a ver los orígenes y los principales servicios que ofrece internet a los usuarios, de entre los que destacan los servicios de correo electrónico, los navegadores y las webs. También veremos cómo se comunican los distintos servicios entre sí, mediante protocolos, y qué otras plataformas, además de las mencionadas, conforman el universo de internet.

En el último apartado se van a sentar las bases de las unidades siguientes sobre cuáles son los puntos y elementos que hay que planificar para desarrollar una programación en HTML de una web.

Para ello, nos centraremos en el caso de Juan Fernández, recién licenciado en diseño, que quiere montar su propio negocio de diseño y programación de páginas web.

2. Introducción a internet

Internet nace en 1969 cuando el ejército de EE. UU. creó una red de comunicación entre las distintas bases militares que se llamaba ARPAnet. En 1983, ARPAnet se dividió en dos sistemas diferentes:

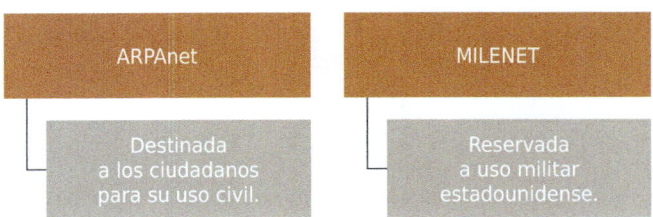

La primera dio paso a lo que hoy se conoce como internet.

Hoy en día, internet es una red de grandes ordenadores conectados a nivel mundial que ofrece distintos servicios de conexión, información, gestión, etc., a todos sus usuarios.

En resumen, podemos decir que internet es un servicio ofrecido por una red global de superordenadores conectados donde se almacenan archivos o documentos, y sirve de enlace y conexión entre personas y entre ordenadores. Estos superordenadores se denominan servidores.

Para poder acceder a internet es necesario contar con los siguientes **elementos:**

- ⮞ **Dispositivo con capacidad de conexión.** Este puede ser un ordenador, móvil, *tablet,* TPV, etc.
- ⮞ **Periférico de conexión.** En situaciones como al usar dispositivos con conexión integrada como por ejemplo un móvil con red móvil o un portátil con WiFi no es imprescindible un periférico externo. Sin embargo, si se usa un ordenador de escritorio o una red doméstica, es necesario un periférico como un *router* o un módem.
- ⮞ **Proveedor de servicios de Internet (ISP).** Imprescindible para conexiones tradicionales, pero, en algunas situaciones, se puede usar redes públicas o locales ya establecidas, por lo que no necesitamos contratar un ISP, por ejemplo, al usar un WiFi público.
- ⮞ *Software.* Es esencial un navegador o aplicación capaz de interpretar los datos de Internet. Algunos navegadores usados en la actualidad son Google Chrome, Mozilla o Microsoft Edge.

El proceso de conexión a internet sigue una serie de pasos:

El usuario utiliza un dispositivo que tiene conexión o acceso a la red mediante un proveedor de servicio y el programa de conexión.	El programa de conexión utiliza el periférico para conectarse con el servidor de acceso del proveedor de servicios.	Una vez validada la conexión en el proveedor de servicios, este da acceso al resto de servidores que conforman internet.

Este último paso es conocido como navegación o surfear en la red, término usado para referirse a la acción de explorar los diferentes lugares, direcciones, archivos, imágenes, vídeos... que existen disponibles dentro de la red.

Internet ofrece muchos servicios a sus usuarios. A continuación, describimos los más relevantes:

- **Correo electrónico:** es un servicio de comunicación directa entre usuarios muy similar al servicio postal tradicional. Esta herramienta facilita el intercambio de documentos y archivos entre los usuarios, y se necesita un *software* específico que facilita el envío y recepción de los correos electrónicos. Al igual que con el sistema tradicional postal, para poder recibir y enviar estos correos electrónicos, cada usuario necesita de una dirección, en este caso electrónica, para ello. Esta dirección electrónica suele tener el siguiente formato: nombre@dirección.dominio. El nombre identifica al usuario que remite o recibe el correo, la @ separa al usuario de la dirección, la dirección muestra el nombre de la organización o del programa que gestiona el correo y, por último, el dominio indica el país o gestora.

- **Web:** es un documento que contiene, combina y aglutina diversos recursos (texto, imágenes, sonidos, vídeos...). Para poder acceder a una web, se necesita, al igual que en los correos electrónicos, de una dirección y esta se conoce como URL *(Uniform Resource Locator)* que indica dónde se encuentra dicho documento. La URL contiene el siguiente formato: protocolo//dirección del dominio del servidor//ruta de acceso a la información. El formato de protocolo normal de las URL es HTTPS y la dirección del dominio contiene el acrónimo www *(World Wide Web)* para especificar que se trata de una web.

- **Redes sociales:** son plataformas en línea que permiten a los usuarios conectar entre sí en tiempo real, crear perfiles, compartir contenido, etc. Algunas de las usadas hoy en día son Facebook, Instagram, Tik Tok, o X.

- **Almacenamiento en la nube:** estos servicios permiten a los usuarios guardar archivos y mantenerlos sincronizados usando servidores remotos. Algunos de los más usados son *Dropbox, Google Drive, OneDrive* o *iCloud.*

Una vez explicado en líneas generales cómo funciona internet, vamos a explicar que para que todo esto sea posible es necesario lo que se conoce como protocolos de red que hacen que esto sea realmente una estructura segura y firme. Hemos hablado anteriormente de que los servidores (también conocidos como *host*) que contienen la información se la facilitan y ofrecen a los dispositivos que acceden a ella (también conocidos como clientes) y para que ambas se comuniquen, necesitan de un mismo lenguaje y este lenguaje cumple con un tipo de protocolo.

 **DEFINICIÓN**

Protocolo

Es un conjunto de reglas predefinidas con el objetivo de intercambiar información electrónica de manera estandarizada para garantizar la compatibilidad entre dispositivos y programas.

El protocolo más usado es TCP/IP que es la suma de dos protocolos:

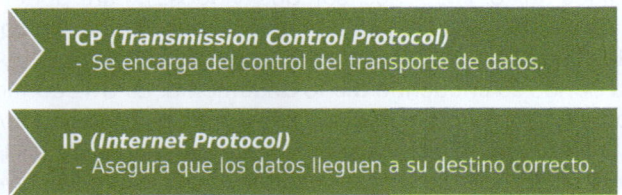

TCP *(Transmission Control Protocol)*
- Se encarga del control del transporte de datos.

IP *(Internet Protocol)*
- Asegura que los datos lleguen a su destino correcto.

Conjuntamente a este protocolo se cuenta con otros protocolos que sirven para dar soporte a los servicios principales que hemos mencionado antes:

HTTPS — *Hipertext Transfer Protocol Security.*
- Utilizado en el servicio web de internet.

POP3 — *Post Office Protocol.*
- Se encarga de la recepción de correos electrónicos.

UDP — *User Datagram Protocol.*
- Ideal para aplicaciones donde lo importante es la velocidad, como transmisión de vídeo o videojuegos.

SMTP — *Simple Mail Transfer Protocol.*
- Gestiona el envío de correo electrónico.

SSH — *Secure Shell.*
- Protocolo para el acceso remoto seguro a otros dispositivos.

NNTP — *Network News Transfer Protocol.*
- Utilizado para el servicio de noticias en red.

Continúa en página siguiente >>

<< Viene de página anterior

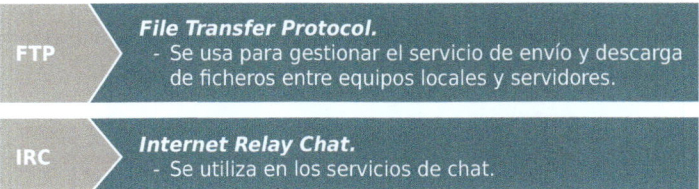

FTP	**File Transfer Protocol.**
	- Se usa para gestionar el servicio de envío y descarga de ficheros entre equipos locales y servidores.

IRC	**Internet Relay Chat.**
	- Se utiliza en los servicios de chat.

En 2024, internet conecta a aproximadamente 5.350 millones de personas en todo el mundo, lo que representa el 66,2 % de la población global. Este número ha aumentado en 97 millones de usuarios respecto al año anterior, reflejando un crecimiento anual del 1,8 %.

 ACTIVIDAD COMPLEMENTARIA

1. Para conocer más en profundidad todos los tipos de protocolos que existen en internet, accede al siguiente enlace para leer el artículo. *¿Qué es un protocolo de red?* Definición y tipos de protocolo:

https://redirectoronline.com/ifcd010po0101

3. Navegadores de internet

 HILO CONDUCTOR

Juan Fernández ha empezado a contactar con sus primeros clientes y con personas de su sector a través de reuniones y encuentros empresariales, se ha dado cuenta de que sus posibles clientes, directores de *marketing*, utilizan

Continúa en página siguiente >>

<< Viene de página anterior

términos muy concretos sobre internet como son *host,* posicionamiento, HTML, navegadores, buscadores, etc.

Juan ha decidido aprender más sobre dichos términos y cómo funcionan las distintas herramientas de internet. Para empezar, quiere saber la diferencia entre buscador y navegador.

Un **navegador** es aquella herramienta (programa o *software)* que permite acceder y navegar por internet facilitando el acceso a documentos, archivos, imágenes, vídeos, webs..., gracias a que traduce el contenido de todos esos elementos que se encuentra en los servidores *(host)* utilizando los protocolos correspondientes para ello.

El primer navegador fue desarrollado por Tim Berners-Lee en 1990 sobre equipos *Next* y su nombre fue *World Wide Web;* es por ello por lo que todas las páginas web incluyen su acrónimo (www).

En la actualidad, existen distintos tipos de navegadores para acceder a la red y cada uno de ellos tiene diferentes estándares web que hay que tener en cuenta cuando se diseña una web, porque si la web no está preparada para que los navegadores la visualicen correctamente los usuarios tenderán a abandonarla. Lo mismo ocurre con el tiempo que se tarda en acceder a la misma.

Los principales navegadores son:

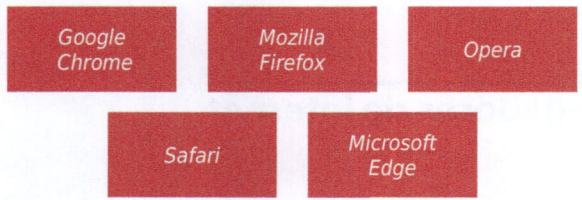

A veces, a los navegadores web se les confunde con buscadores, un buscador es una plataforma que emplean los navegadores para realizar búsquedas de términos, webs, archivos, conceptos, multimedia, etc. por parte de los usuarios. Los dos buscadores más conocidos son *Google* y *Bing*.

Google Chrome

Creado por la empresa *Google* es el más usado por su velocidad y usabilidad. Debido al código abierto *Chromium,* con el que se ha desarrollado el navegador, la empresa facilita su conexión y acceso a multitud de programadores que desarrollan un sinfín de funcionalidades y extensiones para facilitar el trabajo y actuaciones de los usuarios en general. También hay que destacar la opción de sincronización que facilita compartir toda la información (carpetas, favoritos, contraseñas...) al mismo tiempo en varios equipos o dispositivos junto la introducción de *Google Translate* para traducir las páginas webs que estén en otros idiomas.

Mozilla Firefox

Es un navegador de código abierto desarrollado por la fundación *Mozilla* desde 2002. Es un navegador completamente configurable y es el segundo navegador más utilizado debido a su fortaleza en cuanto a privacidad (navegación en forma privada, antivirus y bloqueo de pantallas emergentes) y compatibilidad con todo tipos de sistemas operativos *(Windows, Android, OSX, iOS...).* Otra de sus ventajas es la de poder trabajar sin estar conectado a internet y la sincronización posterior una vez que se disponga de conexión.

Opera

Este navegador sigue la estela de *Mozilla,* incluye los mismos elementos de seguridad que el anterior, pero en este navegador destaca principalmente su velocidad de acceso a las webs.

Safari

Es el navegador principal de los equipos de la empresa *Apple.* Es otro navegador muy preocupado por la seguridad, pero a diferencia de los anteriores, no se centra en la navegación sino en los accesos, por eso es muy riguroso en la gestión de contraseñas. También hay que destacar que se centra en la navegación y gestión de archivos multimedia, por lo que incluye un reproductor de este tipo de archivos.

Microsoft Edge

Este navegador ha sido desarrollado por *Microsoft* y sustituye al famoso *Internet Explorer*. En velocidad y rendimiento se asemeja a *Chrome, Firefox* y otros navegadores. Las nuevas versiones se basan en *Chromium* lo que le permite incluir las mismas extensiones que utilizan en *Chrome*.

 **APLICACIÓN PRÁCTICA**

Trabajas en un periódico local y te han solicitado que busques las últimas noticias de la Casa Blanca y el gobierno de EE. UU. Como no sabes inglés, has decidido utilizar un navegador que pueda traducir la página directamente. ¿Cuál es el que utilizarías y cómo buscarías en internet *White House* USA?

Solución

El único navegador que da la posibilidad de traducción directa es *Google Chrome*. Lo primero es conseguir el navegador o tenerlo descargado en el dispositivo que esté usando (móvil, *tablet*, portátil...). Una vez abierto el navegador, utilizaré uno de los buscadores de internet, ya sea *Google* o *Bing*. En la barra de búsqueda pongo los términos de búsqueda *White House USA* y cuando obtenga los resultados, selecciono y hago clic en el enlace:

https://redirectoronline.com/ifcd010po0102

Al visitar la página, el navegador Google Chrome me da la opción de traducir la página al español.

4. El correo electrónico en internet

☞ HILO CONDUCTOR

Juan Fernández ha conseguido su primer cliente, Ropas Modernas S. L., y este le ha pedido que le haga el diseño de su correo electrónico y que le seleccione el *software* de correo electrónico con el que vayan a trabajar.

Juan Fernández va a analizar entre las distintas soluciones gratuitas y de pago para ofrecerle a su cliente la mejor solución posible.

El correo electrónico es un sistema de comunicación entre usuarios que toma como ejemplo el sistema tradicional de correo postal trasladándolo a un entorno virtual.

La comunicación entre usuarios se hace principalmente en formato escrito, pero también puede incluir imágenes, archivos, mensajes de voz y otros elementos multimedia, como animaciones o vídeo. Para poder utilizar este método de comunicación, hay que contar con dispositivos y *software* específico que utilice los protocolos específicos de correo electrónico.

4.1. Uso del correo electrónico

El uso de los correos electrónicos nace en 1971 gracias a Ray Tomlinson, de la empresa BBN *(Bolt Beranek & Newman),* que forma parte del grupo fundacional de la red ARPAnet, precursora de internet.

Desde el año 1975 se realizaron distintas empresas y acciones para fomentar su uso, pero no fue hasta 1982 cuando realmente empezó a despegar el concepto y crecimiento de este.

 SABÍAS QUE...

La primera empresa que ofrecía servicios globales de correo electrónico, *OnTyme,* se creó en 1976 a raíz de la amplia repercusión que tuvo un correo electrónico de la reina Isabel II de Inglaterra.

Hoy en día, el uso del correo electrónico se ha convertido en una herramienta indispensable, ya que la gran mayoría al menos tiene una dirección de esta herramienta, que no solo usa como medio de comunicación, sino que en muchos casos es un instrumento de mercado con mucho poder a nivel mundial.

Como se ha comentado antes, los correos electrónicos necesitan de un *software* de gestión que en términos generales se conoce como "cliente de correo electrónico". En este *software* se redacta el tipo de información que se quiere comunicar incluyendo, o no, archivos al mismo y se indica la dirección del destinario o destinatarios a quien se le quiere hacer llegar el mensaje. El *software* traslada el correo electrónico a un determinado servidor donde se encuentra la dirección del destinatario, y este servidor lo traslada al *software,* cliente de correo electrónico, del destinario una vez que este solicita su descarga.

Proceso de comunicación y envío de correos electrónicos entre "clientes de correo electrónico" y servidores

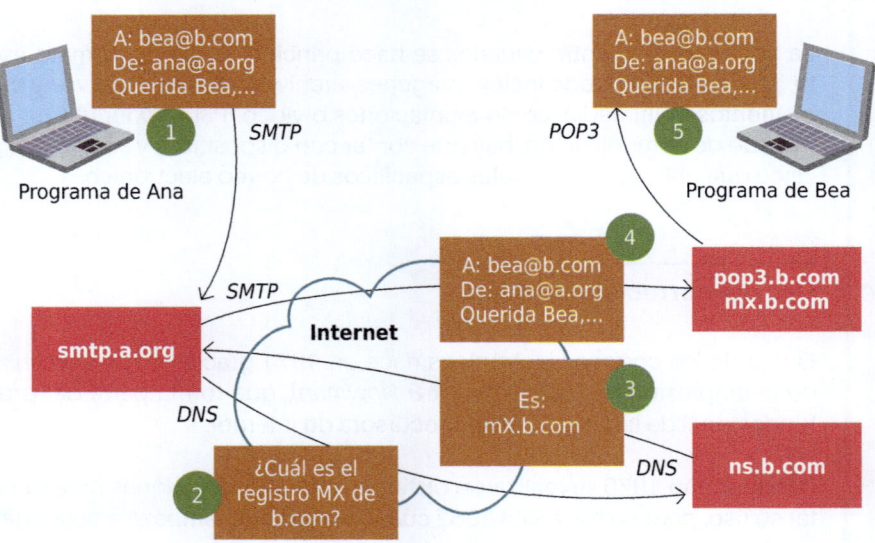

En los apartados anteriores hemos hablado del formato de la dirección electrónica, nombre@dirección.dominio, y el elemento final, dirección.dominio; tras la @, es el que facilita el contacto entre el cliente de correo electrónico y el servidor que lo va a recibir, y el elemento anterior a la @, el nombre, es el que identifica a quién se lo ha de remitir el servidor cuando el cliente de correo electrónico solicite su descarga.

Tanto para su manipulación como para su lectura y gestión se utilizan los protocolos SMTP *(Simple Mail Transfer Protocol)* para el envío y el POP3 *(Post Office Protocol 3)* o el IMAP *(Internet Message Access Protocol)* para la recepción.

4.2. Elementos del correo electrónico

Los correos electrónicos se componen de una serie de elementos como son:

Cuerpo de texto
- Donde se redacta el mensaje que se quiere comunicar.

Asunto
- Donde se establece un resumen o titular de lo que se quiere comunicar.

Dirección
- Donde se incluye la dirección electrónica del o de los destinatarios.

Adjuntos
- Donde se incluyen aquellos archivos que se envían conjuntamente con el mensaje.

Prioridad
- Donde se establece el carácter de urgencia del mensaje que se está comunicando.

Libreta de direcciones
- Donde se almacenan o se agendan los contactos con sus direcciones electrónicas de correo.

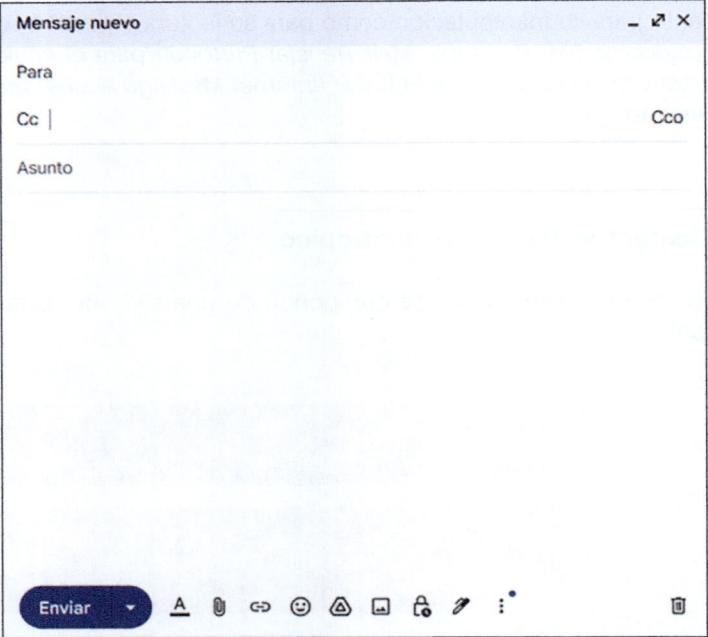

Estructuras y apartados de un correo electrónico

Los destinarios, cuando reciben los mensajes, pueden a su vez realizar una serie de acciones con el correo electrónico, entre las que están:

➲ Leerlo y responderlo.
➲ Reenviarlo a otras personas.
➲ Archivarlo.
➲ Borrarlo de forma permanente.
➲ Añadirle etiquetas para su control.
➲ Establecer que es *spam* para evitar que el remitente vuelva a contactar con él.

 **DEFINICIÓN**

Spam
Correo electrónico no solicitado que se envía a un gran número de destinatarios con fines publicitarios o comerciales.

4.3. Gestión del correo electrónico

Existen distintas soluciones de *software* de gestión de correo electrónico, tanto gratuitas como de pago. A continuación, vamos a enumerar las más usadas:

Gmail

Software gratuito creado por la compañía *Google* que cuenta con millones de usuarios a nivel mundial; entre sus características destacan:

- Es un *software* en la nube, por lo que se puede acceder desde cualquier tipo de dispositivo, navegador y lugar.
- Cuenta con un panel de exploración de carpetas.
- Se pueden previsualizar los mensajes sin necesidad de abrirlos.
- Agendar citas.
- Se pueden leer y redactar borradores de correo sin necesidad de conexión a internet.
- Establecer criterios de clasificación de los correos electrónicos.

Outlook

Programa gratuito desarrollado por la empresa *Microsoft.* La mayoría de los usuarios establece que son muy similares las prestaciones y características de *Outlook* y *Gmail:*

- Cuenta con un panel de exploración de carpetas.
- Se pueden clasificar y archivar los mensajes.
- Permite borrar suscripciones directamente sin necesidad de realizar los trámites porque la plataforma lo hace automáticamente.
- Se pueden previsualizar los mensajes.

Yahoo!

Es el tercer proveedor de correo electrónico gratuito a nivel mundial:

- Cuenta con un panel de exploración de carpetas.

- Se pueden clasificar y categorizar los mensajes.
- Permite incluir otras cuentas de correo electrónico para que se visualicen todas en el mismo lugar.
- Se pueden previsualizar los mensajes.
- Se pueden crear *e-mails* de respuesta automática.
- Contiene una gran capacidad de almacenamiento de mensajes, 1 TB de forma gratuita.

Microsoft 365

Es un *software* de correo electrónico de pago creado por la empresa *Microsoft,* siendo el más utilizado dentro de este tipo de *software* de *e-mails:*

- Cuenta con un panel de exploración de carpetas donde se pueden priorizar las más usadas o las favoritas.
- Cuenta con calendario para organizar citas y eventos a la par que gestión de tareas y notas.
- Permite previsualizar mensajes.
- Se pueden establecer reglas de gestión y clasificación de mensajes.
- Seleccionar y marcar remitentes no seguros y de *spam* para evitar que se reciban mensajes de estos.
- Existen elementos de marcaje y clasificación junto con opciones de vista para gestionar el programa y los mensajes.
- Programar horas de envío y recepción de mensajes.
- Cuenta con la opción de libreta de direcciones y listas de distribución.

 TAREA 1

Siguiendo el hilo conductor de la unidad, selecciona uno de los distintos *softwares* de gestión de correos electrónicos anteriores que sería el idóneo para la gestión de correos electrónicos de una empresa. Elabora una lista con las ventajas del *software* elegido con respecto a los otros del temario.

5. Otras aplicaciones de internet

 **HILO CONDUCTOR**

En Ropas Modernas S. L. están muy contentos con el trabajo de Juan Fernández con el diseño y selección de sus correos electrónicos y le han pedido consejo sobre cómo pueden gestionar la gran cantidad de datos de sus clientes, ya que están barajando entre el uso de servidores internos o externos, portales y plataformas web y aún no saben cuál es la mejor solución para ellos.

- -

Hemos hablado de webs y de correos electrónicos, pero aparte de estos dos elementos principales de internet, existen otro tipo de aplicaciones que consisten en *software* que los usuarios pueden utilizar accediendo mediante un navegador a un tipo de servidor conocido como web (tanto externo como interno); se define así porque dichos programas trabajan como si fuera una web almacenando y gestionando la información en dicho servidor.

NOTA

Las empresas que gestionan una gran cantidad de información y datos electrónicos prefieren contar con uno o varios servidores internos en sus instalaciones. Algunos de estos servidores son servidores web y otros los utilizan como servidores locales o intranet.

- -

5.1. Para qué sirven

Este tipo de aplicaciones tiene distintas posibilidades y usos como son:

- ⮑ Permitir la gestión de gran cantidad de información, facilitando la posibilidad de gestionarla y organizarla fácilmente.
- ⮑ Compartir información o colaborar.
- ⮑ Se puede acceder a este tipo de aplicaciones en cualquier momento, lugar y desde cualquier dispositivo.
- ⮑ Suele ser un servicio más económico o gratuito en la mayoría de los casos.

5.2. Ventajas

Entre sus ventajas podemos destacar:

- ⮞ Se accede de la misma forma que a una web, solo se necesita una dirección.
- ⮞ No es necesario tener una gran infraestructura para poder hacer uso de ellas.
- ⮞ No hay problemas de compatibilidad por tipología de dispositivo o sistema operativo, son multiplataforma.
- ⮞ No ocupan espacio en los dispositivos desde los que se accede.
- ⮞ Protección total ante posibles ataques informáticos o virus.
- ⮞ Aumenta la productividad por ser entornos colaborativos.
- ⮞ Fácil acceso desde cualquier lugar, en cualquier momento, desde cualquier dispositivo...
- ⮞ Facilitan su control y gestión analizando el comportamiento y uso de los usuarios.
- ⮞ Programas continuamente actualizados.
- ⮞ Gratuidad.
- ⮞ Muy adaptable, visualmente intuitivas y fáciles de usar.
- ⮞ Portabilidad de la información y de los datos cuando sea necesario.

5.3. Tipos de aplicaciones

Una vez definidas, para qué sirven y cuáles son sus ventajas, pasamos a cuáles son los tipos principales de aplicaciones y son las siguientes:

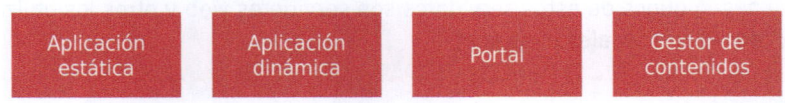

| Aplicación estática | Aplicación dinámica | Portal | Gestor de contenidos |

Aplicación estática

Suelen ser aplicaciones muy concretas, no cambian mucho y muestran poca información. Suelen estar desarrolladas en HTML y/o CSS, principalmente.

DEFINICIÓN

HTML

Son las siglas de *Hyper Text Markup Language* correspondientes al lenguaje y código de programación de páginas web con texto, imágenes, vídeos y juegos, entre otros.

Como ejemplos de este tipo de aplicaciones, tendríamos páginas de presentación, principalmente, como son de empresa, currículums, porfolios, catálogos, etc.

Aplicación dinámica

Este tipo de aplicación es más complejo, utiliza bases de datos para gestionarla y cuenta con un panel de administración para ello. Los lenguajes PHP y JAVA son los más comunes en el desarrollo de este tipo de aplicaciones.

NOTA

Los lenguajes o códigos de programación sirven para establecer las instrucciones, órdenes, secuencias, acciones... que ejecutan los distintos programas y *softwares*.

Portal

Un portal es una aplicación que desde una página de control o inicial permite el acceso a diversos apartados, categorías o secciones. Como ejemplo de este tipo de aplicación, tenemos foros, chats, *webmail,* buscadores, etc.

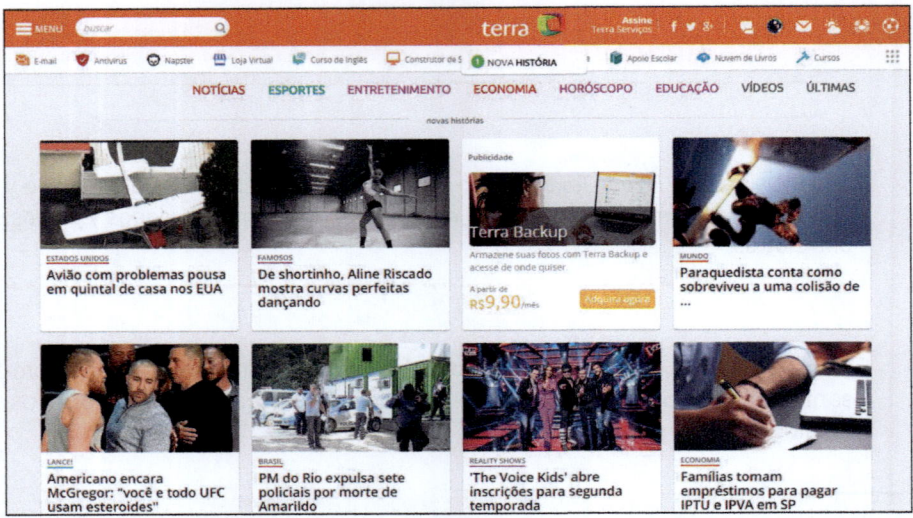

Ejemplo de un portal web. Imagen de portada del antiguo portal de la empresa Terra (extinguida)

Gestor de contenidos

Son aplicaciones que cuentan con una base de datos y en las que los elementos que la componen, contenido, se van actualizando continuamente. Se necesitará, por tanto, un *software* de gestión de contenidos (CMS) a través del cual se puede administrar y gestionar la aplicación. Como ejemplo de CMS están: *WordPress, Joomla* y *Drupal*.

Sobre estos tipos de aplicaciones se pueden desarrollar distintas soluciones, como aplicaciones para la gestión interna (facturación, *stock,* clientes, contabilidad, control horario, gestión de personal...), para desarrollo de trabajo colaborativo y gestión de calidad (gestión documental, trabajo en red, herramientas compartidas...), servicios a usuarios (gestión de incidencias, gestión de cuentas de clientes, cuentas bancarias...), comunicación digital *(mailings, newsletters...),* gestión comercial (tienda virtual, gestión de reservas, gestión automática de facturación, control interno de ventas, control de productos...).

6. Herramientas de diseño de páginas web

☞ **HILO CONDUCTOR**

Ropas Modernas S. L. le ha pedido a Juan Fernández que le pase presupuesto para el diseño y desarrollo de su página web.

Juan ha decidido presentar una propuesta que incluya todos los elementos, como son:

- Planificación de los elementos que componen una web.
- Diseño.
- Lenguaje de programación.
- Posicionamiento web.
- Programas de control.

Antes de presentarle la oferta, Juan Fernández tiene que decidir de todas las soluciones que existen para el diseño y desarrollo de páginas web cuáles son las que va a utilizar.

Cuando se planifica el desarrollo de una página web, hay que tener en cuenta tres tipos de grupos de herramientas que se van a necesitar:

> Las primeras son las que van a ayudar a desarrollar el código sobre el que se va a construir la web.

> Las segundas son las que tienen que ver con el diseño y el aspecto que se encarga de que la web sea atractiva y atraiga visualmente a los usuarios.

> Y, por último, que se tenga presencia y relevancia en los buscadores, por lo que habrá que utilizar una serie de herramientas que ayuden a detectar los elementos a mejorar y controlar.

Con respecto a las primeras, *Visual Studio Code (CS Code)*, *Sublime Text*, *Atom* o *Brackets* son editores de HTML gratuitos muy versátiles que sirven tanto como complemento de otras aplicaciones como para desarrollar un sitio web en HTML desde cero.

En cuanto a las herramientas de diseño, nos encontramos con soluciones como:

Photoshop	- Ayuda a retocar y modificar imágenes, como pueden ser los logotipos, *banners*, portadas o distintas creatividades que se necesiten en la web.
Illustrator	- Es un programa de *Adobe*, sobre todo para especialistas en diseño, que trabaja sobre todo con vectores.
Canva	- Es una aplicación web para aquellas personas con mínimos conocimientos de diseño gráfico, donde se pueden hacer diseños de forma rápida y sencilla.
Freepik	- Es otra aplicación web donde existen bancos de imágenes y vectores principalmente.
Colorzilla	- Herramienta que ayuda con la selección de colores y la combinación de estos.
Adobe Color CC	- Sirve para establecer los colores complementarios dentro de una web, como son los que se aplican a los botones.
Google Fonts	- Herramienta gratuita para la selección de tipografías de la web.
MockFlow	- Usada para crear varios bocetos de la estructura, el diseño y el resto de los elementos de una web antes del diseño definitivo.

Solo queda nombrar las herramientas de control y entre ellas tenemos:

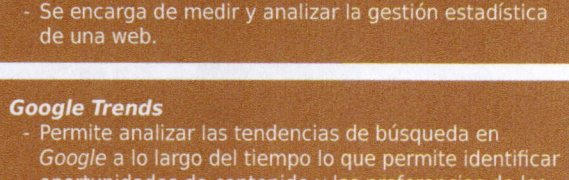

Google Analytics
- Se encarga de medir y analizar la gestión estadística de una web.

Google Trends
- Permite analizar las tendencias de búsqueda en *Google* a lo largo del tiempo lo que permite identificar oportunidades de contenido y las preferencias de los usuarios.

Continúa en página siguiente >>

<< Viene de página anterior

> **Google Tag Manager**
> - Es una herramienta gratuita para la gestión de etiquetas de forma rápida y segura.

> **Google Ads**
> - Ayuda a seleccionar las palabras clave, así como el nivel de competencia y dificultad de posicionamiento de dichas palabras clave a la hora de establecer las búsquedas los usuarios.

DEFINICIÓN

Posicionamiento
Es el proceso que se encarga de aumentar la visibilidad y las visitas a una página web mediante los resultados de búsqueda de los buscadores web.

Palabra clave
Es una palabra o conjunto de ellas que los distintos usuarios de internet utilizan a la hora de buscar en los buscadores web.

Sitemap
Archivo interno que contienen las webs donde se incluye el listado de pestañas/ páginas que contienen estas y facilitan las búsquedas de los buscadores de internet.

Diseño web *responsive*
Web con capacidad para adaptarse a cualquier dispositiva desde el que se visualice. *Google* ya penaliza en su buscador a aquellas webs que no son *responsive.*

- -

A la hora de planificar el diseño web de una página, hay que tener en cuenta que muchas de las veces se visualizarán en dispositivos móviles y esto hay que planificarlo cuando se desarrolla la programación, el diseño y gestión de la web.

7. Resumen

Internet se ha convertido en un elemento más de nuestras vidas donde hacemos consultas, buscamos productos y servicios para nuestra vida diaria, pasamos gran parte de nuestro tiempo libre, compartimos nuestras vivencias y pensamientos...

Internet funciona gracias a un conjunto de superordenadores conectados entre sí, conocidos como servidores, que permiten su acceso mediante un ordenador o equipo con capacidad de conexión (móvil, *tablet,* TPV...), un elemento conocido como periférico (modem, *router,* tarjeta de red...), un proveedor de servicios (ISP, *Internet Service Provider)* y un determinado programa o *software* (navegadores, programas de correo, aplicaciones, etc.) que nos facilitan su acceso.

El proceso de conexión a internet sigue una serie de pasos:

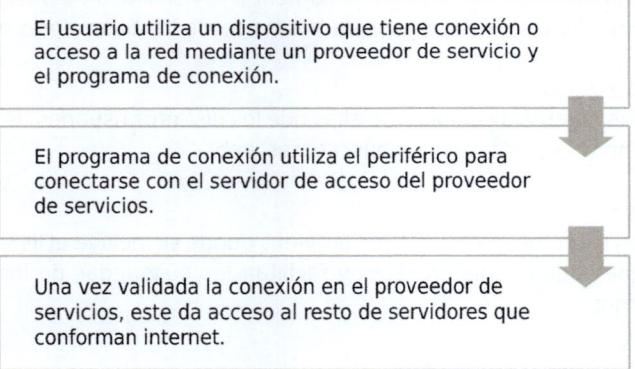

El usuario utiliza un dispositivo que tiene conexión o acceso a la red mediante un proveedor de servicio y el programa de conexión.

El programa de conexión utiliza el periférico para conectarse con el servidor de acceso del proveedor de servicios.

Una vez validada la conexión en el proveedor de servicios, este da acceso al resto de servidores que conforman internet.

Todos estos elementos utilizan una serie de protocolos para facilitar su comunicación, estructura y seguridad.

Para poder acceder y navegar por internet se utilizan lo que se conoce como navegadores. Estos navegadores facilitan el acceso a documentos, archivos, imágenes, vídeos, webs, etc. Los principales navegadores son *Google Chrome, Mozilla Firefox, Opera, Safari* y *Microsoft Edge.*

A veces, a los navegadores web se les confunde con buscadores; un buscador es una plataforma que emplean los navegadores para realizar búsquedas de términos, webs, archivos, conceptos, multimedia, etc. por parte de los usuarios. Los dos buscadores más conocidos son *Google* y *Bing.*

Otra forma de conexión y comunicación entre las personas mediante internet es el correo electrónico que toma como ejemplo el sistema tradicional de correo postal trasladándolo a un entorno virtual. Al igual que el resto de elementos que conforman internet, necesita de unos protocolos de comunicación (SMTP, POP3 o IMAP). Existen distintas soluciones de *software* de gestión de correo electrónico, tanto gratuitas como de pago. Entre las más usadas, se encuentran *Gmail, Outlook, Yahoo!* y *Microsoft Outlook.*

Existe otro tipo de aplicaciones, como son los servidores web, y este tipo de aplicaciones tiene distintas posibilidades y usos, como son:

⮞ Permitir la gestión de gran cantidad de información facilitando la posibilidad de gestionarla y organizarla fácilmente.
⮞ Compartir información o colaborar.
⮞ Se puede acceder a este tipo de aplicaciones en cualquier momento, lugar y desde cualquier dispositivo.
⮞ Suele ser un servicio más económico o gratuito en la mayoría de los casos.

Los principales tipos de servidores web son aplicaciones estáticas, aplicaciones dinámicas, portales y gestores de contenido.

Cuando se planifica el desarrollo de una página web, hay que tener en cuenta tres tipos de grupos de herramientas: las que desarrollan el código de la web, las que tienen que ver con el diseño y aspecto y las que se encargan de que la web tenga presencia y relevancia en los buscadores.

Ejercicios de autoevaluación
Unidad de Aprendizaje 1

1. Internet es...

    a. ... una red de internacionalización.
    b. ... una red de comunicación.
    c. ... una red global de superordenadores.
    d. ... una red global de personas.

2. Las reglas predefinidas con el objetivo de intercambiar información electrónica de manera estandarizada se conocen como:

    a. Protocolo.
    b. Navegador.
    c. Correo electrónico.
    d. Web.

3. Para poder acceder y navegar por internet, se necesita un:

    a. Navegador.
    b. Correo electrónico.
    c. Web.
    d. FTP.

4. Determina si la siguiente oración es verdadera o falsa: "Los navegadores y buscadores son lo mismo":

    ■ Verdadero
    ■ Falso

5. Señala cuál de los *softwares* de correo electrónico siguientes no es gratuito:

    a. *Gmail.*
    b. *Outlook.*
    c. *Yahoo!*
    d. *Microsoft 365.*

6. Determina si la siguiente oración es verdadera o falsa: "El *software* de gestión de correo electrónico se conoce técnicamente como cliente de correo electrónico".

- Verdadero
- Falso

7. Los servidores conocidos como "servidores web" pueden ser:

a. Propios o ajenos.
b. Útiles o inútiles.
c. Internos o externos.
d. Globales o generales.

8. Señala la opción correcta sobre servidores web:

a. Los servidores web necesitan de mucha infraestructura.
b. Aumentan la productividad por ser entornos colaborativos.
c. Conllevan un alto coste e inversión.
d. El acceso es difícil siempre y cuando no estés en las instalaciones correctas.

9. Determina si la siguiente oración es verdadera o falsa: "Una aplicación estática suele ser muy concreta y muestra poca información, suele estar desarrollada en HTML".

- Verdadero
- Falso

10. ¿Cuál de las siguientes en una herramienta de control?

a. *Colorzilla.*
b. *Google Fonts.*
c. *Google Analytics.*
d. *Kompozer.*

Planificación de la web

Unidad de aprendizaje 2

Planeación de la
web

Contenido

Objetivos

El objetivo general de esta Unidad de Aprendizaje es:

→ Establecer las bases que deben cumplir la estética, el contenido y la estructura de un sitio web antes de su programación.

Los objetivos específicos de esta Unidad de Aprendizaje son:

→ Definir los elementos que influyen a la hora de desarrollar un sitio web.

→ Saber qué herramientas y recursos utilizar para el diseño estético (imágenes, vídeos...) de un sitio web.

→ Sentar las bases de diseño y arquitectura para el desarrollo de una página web.

1. Introducción

Antes de desarrollar la programación de un sitio web hay que seguir una serie de pasos para cumplir con los objetivos que se persiguen en la elaboración de esta. Estos pasos empiezan porque buscan, quieren y solicitan los usuarios y visitantes de las páginas web cuando navegan.

Una vez que se ha definido la audiencia y sus objetivos, vamos a desarrollar qué condiciones y características tienen que cumplir el resto de elementos estéticos (imágenes, vídeos, audios y textos) que son los que van a hacer que un usuario visite y se quede dentro de una página web.

Para el desarrollo de la unidad, seguiremos con los pasos que le solicitan desde la empresa Ropas Modernas S. L. a Juan Fernández para el diseño y la programación de la página web que quiere dicha empresa.

2. Diseño del contenido

Cuando se diseña una web, el contenido de esta dependerá de la temática y el objetivo que buscan los visitantes de esta.

Principalmente, los usuarios que visitan un sitio web lo que buscan es información, que se puede presentar en forma de:

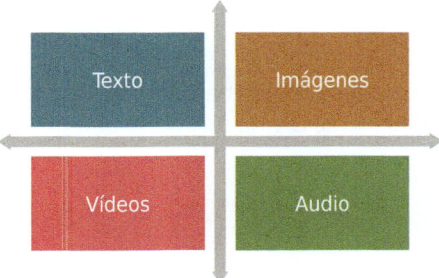

Con la premisa de la búsqueda de una información concreta, a la hora de diseñar un sitio web hay que tener en cuenta que los usuarios dedican muy poco tiempo a aquellos sitios que no les ofrecen lo que buscan; por ello, cuando se desarrolla un sitio web hay que tener en cuenta:

Usabilidad
- El usuario tiene que encontrar de manera rápida aquello que está buscando.

Localización
- Se le puede facilitar el acceso a lo que busca mediante un *sitemap* para organizarla de forma coherente.

Información
- Al ser el principal elemento que buscan los usuarios, esta debe ser útil, original y relevante para el visitante.

Redacción
- Contar con una redacción clara usando técnicas periodísticas para que el contenido se entienda fácilmente y a la primera.

Keywords
- Incluir aquellas palabras y/o frases que los usuarios suelen buscar para que puedan localizar la web.

DEFINICIÓN

Sitemap

Es un archivo con un listado de páginas que componen un sitio web.

Una vez establecidas las líneas básicas de diseño del sitio web, el contenido de este normalmente se divide en cuatro categorías:

Promocional
- Centrado en generar reconocimiento de marca o información sobre los productos, la empresa u organización.

Comercial
- Es un sitio que funciona como una tienda donde se ofrecen productos/servicios a cambio de un determinado precio.

Continúa en página siguiente >>

<< Viene de página anterior

De contenido
- Dedicado a ofrecer información de interés a los visitantes (noticias, foros, consejos, vivencia...) de forma gratuita para estos.

De entretenimiento
- Similar a la anterior, pero en este caso el contenido es multimedia.

La persona que va a establecer el diseño de un sitio web se conoce como arquitecto web y esta persona debe tener unos conocimientos multidisciplinares sobre organización de la información, diseño gráfico, *marketing*, usabilidad..., que son los que le van a ayudar a diseñar en función de lo que los usuarios buscan.

Cuando el arquitecto web planifica el sitio, realiza cuatro pasos a la hora de definirlo:

Establecer el objetivo del sitio web.

Determinar el contenido en función del objetivo.

Planificar la organización y navegación del sitio para su localización y búsqueda.

Indicar la política de mantenimiento, actualización y crecimiento futuro del sitio web.

Volviendo al concepto principal de este apartado, cuando se diseña el contenido de un sitio web, el objetivo es optimizar la experiencia de usuario, contribuir al reconocimiento de marca y atraer usuarios.

Los usuarios visitan, leen e interactúan con patrones básicos dentro de los sitios web y escanean por bloques de contenido hasta que localizan con lo que desean interactuar o les parece interesante. Este patrón de comportamiento lo realizan siguiendo el formato de una "F".

Lo siguiente es que los usuarios escanean una línea vertical hacia abajo en la parte izquierda de la pantalla buscando palabras clave o puntos de interés en las primeras oraciones de un párrafo o subtítulo.

Primero escanea una línea horizontal a lo largo de la parte superior de la pantalla

Cuando el lector encuentra algo que le gusta, empieza a leer de manera normal, formando líneas horizontales

3. Propósito y audiencia de la web

☞ **HILO CONDUCTOR**

A Juan Fernández le han pedido que empiece con el desarrollo de la página web de Ropas Modernas S. L. y su primer paso ha sido investigar qué tipo de usuario busca los productos, servicios e información sobre empresas similares a Ropas Modernas S. L. junto con sus características y objetivos para establecer un perfil de esta.

En el diseño web existen estilos y tendencias influenciadas por factores sociales y tecnológicos.

Como se ha definido anteriormente, un sitio web determina su contenido y sus objetivos en función de los usuarios que la van a visitar y por eso hay que tener claro quién es la audiencia.

A la hora de definir y localizar la audiencia debemos tener las siguientes consideraciones:

Características de la información	Qué quieren, buscan o necesitan los usuarios de un sitio web	Con qué capacidad técnica y presupuestaria se cuenta
- Los productos o servicios a ofrecer; dependiendo de estos, sabremos quiénes pueden estar más o menos interesados por ellos.	- El conocer y saber estos elementos nos harán establecer el diseño y el contenido conforme a estos y ofrecerles lo que les atrae.	- En función de esta, tendremos más opciones de llegar a mayor o menor.

Los sitios web cuentan con usuarios reales y usuarios potenciales; ambos buscan información, un producto/servicio, una atención, etc. específicos y por ello las estructuras de los sitios web son más eficaces si se plantean a audiencias específicas y estudiadas.

En función de lo que quiere dicha audiencia hay que establecer:

Para definir el propósito y el perfil de la audiencia, lo fundamental es reco-lectar la mayor información posible de los usuarios y para ello, se recopilará información sobre su perfil sociodemográfico, estilo de vida, creencias, be-neficios que busca, uso de los dispositivos, cómo navega, webs de interés, información que le interesa, etc.

Una vez conocidos todos esos datos, el siguiente paso es desarrollar todos los elementos que conforman un sitio web en función de los intereses y ob-jetivos que los usuarios y visitantes buscan cuando navegan por internet.

4. Diseño de la apariencia

☞ HILO CONDUCTOR

Juan Fernández ha definido el propósito, la audiencia y cuáles son los elementos que le importan a la hora de visitar una web. Con esos datos está desarrollando un informe sobre qué tipo de criterios y requisitos ha de cumplir el diseño de la web.

En el diseño web existen estilos y tendencias influenciadas por factores sociales y tecnológicos.

El factor tecnológico ha condicionado constantemente el diseño de la apariencia, no solo en aspectos técnicos, también en su concepción.

No es de extrañar que la tendencia absoluta actual sea diseñar para dispositivos móviles si atendemos al uso masivo de los mismos para buscar información en internet. También es lógico diseñar páginas web para *Google* si es el buscador más usado.

Como hemos mencionado, el objetivo de una página web es el de aportar información, una especie de escaparate al que acudir cuando la gente necesita dicha información.

Pero solo se puede llegar a esa página web de tres formas: por casualidad, porque se conoce la dirección o porque aparece dentro de un listado servido por un buscador tras filtrar su inmensa base de datos con pautas de búsqueda más o menos lógicas.

Si hemos hecho bien el trabajo, todos los clientes conocerán la dirección de la página web y la tendrán guardada entre sus favoritas. El resto deberá usar un buscador. ¿Saldremos los primeros en los listados de resultados de una forma natural y orgánica o siempre tendremos que pagar para lograrlo?

Pero aun así, no tendremos asegurado que el cliente encuentre lo que quiere averiguar. Se accede a los buscadores mediante navegadores web que están instalados en ordenadores de sobremesa, *tablets* y móviles. ¿Se verá bien nuestra página web en todos los dispositivos?

Y por último, una vez que se abra la página web, ¿aportará toda la información que busca el visitante? ¿Estará a mano o tendrá que navegar por páginas y páginas para encontrarla? ¿Tardará mucho en cargarse la página en el navegador? ¿Querrá quedarse más tiempo en ella? ¿Comprará?

Teniendo en cuenta todas esas cuestiones, hay que pensar en acciones SEM y SEO.

 ## DEFINICIÓN

SEM
Es el conjunto de herramientas, técnicas y estrategias que nos ayudan a optimizar la visibilidad de sitios y páginas web a través de los motores de los buscadores. Normalmente, se les llama SEM a las técnicas de pago, aunque también incluirían las técnicas SEO.

SEO
El posicionamiento en buscadores, optimización en motores de búsqueda o SEO, es un conjunto de acciones orientadas a mejorar el posicionamiento de un sitio web en la lista de resultados orgánicos de *Google, Bing* u otros buscadores de internet. Es decir, sin pagar.

Otros elementos a tener en cuenta son:

Criterios corporativos
- Lo más importante es la información, pues ha de ser suficiente para demostrar que la organización puede cubrir las necesidades de sus visitantes, aunque también hay que tener en cuenta la transmisión de los valores corporativos y la imagen de marca.

Criterios de experiencia de usuario
- Con lo difícil que es lograr que llegue a la página, ¿por qué no facilitar al visitante el camino para que encuentre lo que busca? Cuantos menos clics, mejor; cuanto más visual, más rápido de asimilar. Hacer que la experiencia sea satisfactoria es la manera de agradecerle que nos visite y el camino más llano para que nos premie en forma de una compra, una llamada o una nueva visita.

Continúa en página siguiente >>

<< Viene de página anterior

Criterios técnicos de navegación
- La experiencia de usuario cae estrepitosamente si la página web no se ve en el navegador que usa el visitante. Cada navegador es distinto, incluso responde de diferente modo dependiendo del dispositivo que se esté utilizando. No se ve igual en un *smartphone* que en un PC o en una *tablet*. Pero nada de esto es asunto del usuario, él solo quiere encontrar lo que busca.

Criterios SEO
- Los buscadores ponen sus propias reglas. Sus motores se rigen por ciertas normas —legales, de programación, de estructura, de seguridad, etc.— que deben ser cumplidas a rajatabla. Aun así no te aseguran que cuando un usuario busque información, encuentre tu página web. Hay que trabajarse además el lenguaje usado, los enlaces entre secciones o páginas o el propio contenido.

4.1. Los criterios corporativos

Los criterios corporativos están relacionados con la imagen de la organización *(branding)*. Estos mezclan texto, imágenes, sonidos, mensajes y todo aquello que crea una identidad.

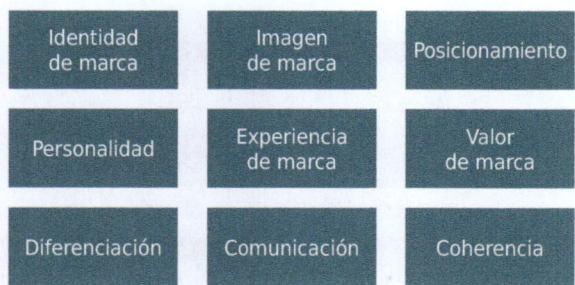

Identidad de marca

La marca da información al consumidor acerca de la organización, sobre los productos que fabrica y los servicios que presta. La identidad de marca es la forma en que las personas reconocen la empresa. Puede ser a través del logotipo u otros elementos visuales asociados, como tipos de letra, tamaños, la paleta cromática de colores, señalética o la forma de remarcar los mensajes.

Imagen de marca

La idea que las personas crean en sus mentes de una empresa es la verdadera imagen de marca. En esa imagen están depositadas todas las expectativas que tienen de la empresa y de lo que esta les puede ofrecer. Si la página web no cumple esas expectativas, el usuario acabará decepcionado. Lo malo es que cambiar una opinión negativa de una imagen de marca es complicado y a menudo caro.

Posicionamiento

El posicionamiento es la estrategia en la que se coloca un producto en el mercado. Básicamente, define a qué segmentos del mercado se dirige. Será distinto hacer una página para un público maduro que para un público juvenil, pues sus intereses y sus valores igualmente lo son.

Si la empresa ofrece los mismos productos y servicios a diferentes tipos de clientes, es la web un medio idóneo para segmentar y comunicar lo que cada uno quiere escuchar. Por ejemplo, usando una web de nivel inferior exclusiva para cada perfil.

Personalidad

La personalidad de la marca no difiere de la personalidad de las personas. Atribuimos a las marcas cualidades emocionales. Al igual que con el posicionamiento, todos los elementos de la identidad de marca, diseño de logotipo, fotografías, colores corporativos o tipografía suman para crear esa personalidad.

Experiencia de marca

La experiencia de marca es todo lo que vive el cliente al comprar y usar los productos. Si somos capaces de transmitir toda esa experiencia y crear una imagen beneficiosa en la mente del usuario, la página web habrá cumplido gran parte de su cometido. Los elementos visuales y los títulos son esenciales para conseguirlo.

Valor de marca

El valor de una marca es la capacidad de una marca de generar más beneficios debido a que es famosa. Este factor puede ser limitante o favorecedor, pues la página web debe remarcar esa notoriedad para su provecho, pero quizá se vean recortadas ciertas licencias creativas que pudieran ponerla en riesgo.

Diferenciación

La diferenciación de la marca se puede definir como la capacidad de una marca para destacarse entre la competencia. Las páginas web son claves en esto. Puede que nos interese parecernos a alguna empresa de la competencia o romper las tendencias del sector. Por ejemplo, si todas las páginas web de abogados parecen demasiado serias, ¿por qué no cambiar el diseño y hacerlo un poco más desenfadado?

Comunicación

La comunicación de la marca son los diferentes mensajes que la marca difunde a través de sus acciones de *marketing,* desde los folletos hasta las campañas de *e-mail marketing,* los anuncios en prensa, la publicidad en redes sociales o en *Google.* Todas estas acciones han de ser coherentes y la página web, como soporte principal de la información de la empresa, es la primera que debe cumplirlo.

Coherencia

La coherencia de marca es la diferencia entre lo que una marca promete y lo que realmente hace. Más aún, con la legislación actual, la web puede ser considerada un folleto con carácter de contrato vinculante, de modo que los mensajes han de ser cuidadosamente escogidos.

4.2. Los criterios de experiencia de usuario

El usuario es el que manda. La página web está diseñada para él. Todo esfuerzo para conseguir que se quede más tiempo en ella y realice alguna acción que lo mueva hacia nuestros objetivos está siempre bien empleado.

Veamos algunos criterios a tener en cuenta.

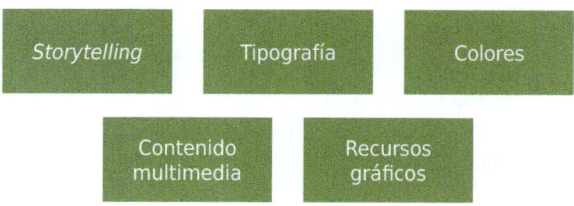

Storytelling

El orden y la limpieza tienen implicaciones de gran calado en el diseño de una página web, pues obliga a la máxima conceptualización y a la presentación modular y ordenada de las ideas.

En *marketing,* el *storytelling* es la forma de contar historias, el relato, la narración. ¿Cuál es el mensaje? ¿Cuáles son las preguntas y las respuestas? ¿Interesa que las respuestas aparezcan antes que las preguntas? ¿Cuál es la línea argumental del mensaje? ¿Hay línea temporal en el mensaje?

En un *smartphone* todo transcurre de forma lineal. Ya quedaron atrás los días en que se obligaba al usuario a pulsar botones y enlaces para continuar navegando. En la actualidad, proliferan las páginas que presentan los contenidos mediante el deslizamiento de la pantalla táctil con los dedos, lo que se llama el *infinite scrolling.*

Como si se tratara de una extensa tira de papel, los textos y las imágenes se suceden de principio a fin sin que el usuario se percate de que varias páginas diferentes aparecen una tras otra sin solución de continuidad. Pero, en realidad, son distintas webs. Lo que ocurre es que se han jerarquizado para que unas se presenten tras las otras.

Esa jerarquía es clave, y lo mismo ocurre con los contenidos de cada una de las páginas. Si no se categorizan y se les da un orden, transmitirán mensajes distintos, o peor, inconexos. Por tal motivo, el diseño de cada página web se realiza modularmente y en cada módulo se introduce un único concepto.

Todo lo expuesto nos lleva a lo que se llama diseño *responsive,* con una única página, modular, con una línea argumental, con una única identidad visual acorde al mensaje, con fuentes de letra adaptadas a dispositivos con pantallas pequeñas, imágenes de poco peso y adaptables a cada pantalla, zonas estratégicas de interacción y fluidez, ante todo.

Tipografía

La mayoría de los usuarios echan un vistazo por encima y luego se paran a leer. Por esto, es beneficioso utilizar variedad visual para hacer más fácil el escaneo de la página.

La legibilidad no se trata solo de si se puede leer algo, sino también de si se desea leerlo, y una forma de provocar el deseo es crear textos que sean visualmente atractivos. Para ello, se usan las tipografías.

La tipografía es una forma de diseño que sirve para expresar con diferentes formas de letras y dibujos distintas emociones.

 SABÍAS QUE...

La palabra tipografía proviene del griego τύπος (tipos), 'golpe' o 'huella', y γράφω (grafo), 'escribir'.

Para entender la importancia que tiene la correcta elección de una determinada tipografía, o bien un conjunto de fuentes para nuestro diseño web, hay que entender previamente qué es una familia tipográfica, así como sus rasgos característicos y los tipos de familias tipográficas principales.

Una familia tipográfica es un conjunto de signos en forma escrita que tienen rasgos de diseño parecidos.

Algunos de los rasgos característicos principales que se tienen en cuenta a la hora de agrupar un determinado conjunto de signos en familias son:

- ⮞ Las formas ascendentes y descendentes.
- ⮞ El grosor del trazo.
- ⮞ Las serifas, también llamadas gracias o remates horizontales o verticales de las letras.
- ⮞ El eje de inclinación.
- ⮞ La situación del ojo medio o altura de las letras minúsculas.

NOTA

Las gracias, serifas, remates, patines o terminales son adornos ubicados generalmente en los extremos de las líneas de los caracteres tipográficos.

Diferencias entre *San Serif* y *Serif.* Las letras superiores tienen serifas o gracias, las inferiores carecen de ellas.

Cada tipografía está indicada para un propósito diferente. Al elegir un tipo de letra, se debe prestar atención a dos cosas: la legibilidad del texto y su impacto emocional.

Por ejemplo, las fuentes con serifas están pensadas para facilitar la lectura de textos en papel, lo que para la lectura en una pantalla de un *smartphone* no es lo más adecuado. Es decir, que lo que es ideal para un folleto ideado para entregar en la calle, no tiene por qué serlo para una página web.

La función y la posición dentro del texto también son importantes. Mientras que una tipografía llamativa en los títulos sirve para atraer la atención de los lectores, en el cuerpo de texto no resulta cómoda. Por esta razón, los diseñadores web suelen utilizar dos o tres tipografías diferentes en una misma página web; una se utilizaría para los títulos, otra para los botones y llamadas a la acción y otra más para el cuerpo del texto.

O al contrario, si lo que se quiere es darle a la página web el aspecto de fanzine, lo normal es jugar con muchas fuentes de letras, de colores y grosores desiguales.

La legibilidad es esencial en una página web y las tipografías la facilitan. Aunque también hay que tener en cuenta la distancia entre líneas dentro de un párrafo, la separación entre letras y el tamaño de la letra.

Muchas tipografías tienen derechos de autor y para usarlas hay que comprarlas. Otras no, son de código abierto y ampliamente usadas por los diseñadores.

Entre las páginas más habituales que proporcionan fuentes tipográficas están:

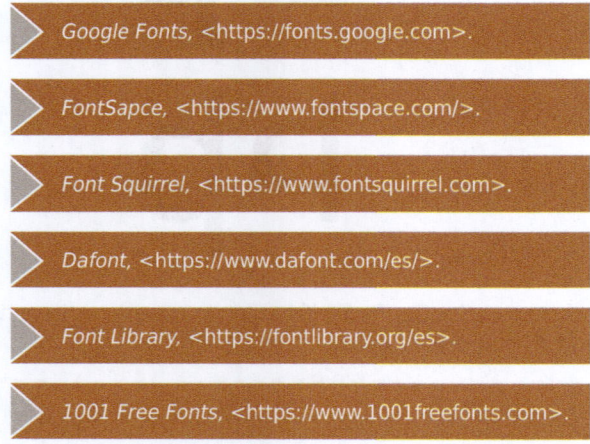

- *Google Fonts*, <https://fonts.google.com>.
- *FontSapce*, <https://www.fontspace.com/>.
- *Font Squirrel*, <https://www.fontsquirrel.com>.
- *Dafont*, <https://www.dafont.com/es/>.
- *Font Library*, <https://fontlibrary.org/es>.
- *1001 Free Fonts*, <https://www.1001freefonts.com>.

Colores

Detrás de cada color hay significados y percepciones que influyen en las decisiones que tomamos cada día. El color nos ayuda de forma inconsciente a elegir un producto o favorecer una acción. Un color nos indica si el producto es ecológico o si es de lujo.

Conocer el significado que tienen los colores para el cerebro humano es fundamental para elegir una paleta adecuada para la página web, ya que estos colores comunicarán incluso antes que los textos e imágenes.

Todos los colores despiertan ciertas asociaciones. Se pueden asociar a emociones y aspectos culturales positivos o negativos. Hay que elegir la paleta de colores que mejor se adapte a la audiencia y no fijarse solo en motivos estéticos a la hora de diseñar.

◉ EJEMPLO

El color rojo puede significar peligro, pasión o simplemente tomate frito. Los colores tienen significados diferentes según el contexto, por lo que hay que poner mucho cuidado a la hora de mezclar conceptos. Quedaría bastante mal un botón rojo junto al texto "arriésgate". Lo más seguro es que nadie pulse en él.

- -

Se recomienda escoger un número limitado de colores, pero que conjuguen de forma armoniosa. La inclusión de muchos colores puede convertir la página web en una especie de pastiche que impida enfocar el mensaje.

Se recomienda diseñar para usuarios daltónicos. Si hablamos de experiencia de usuario, también nos referimos a la accesibilidad, por lo que ningún visitante debería quedar excluido.

He aquí algunos consejos para elegir los colores:

> Usa contrastes. Siempre es recomendable jugar con los contrastes entre los colores de las letras y el fondo para una correcta legibilidad, sobre todo en dispositivos móviles.

> Juega con colores complementarios opuestos, aquellos que se encuentran en una posición diametralmente opuesta dentro del círculo cromático. Por ejemplo, azul y amarillo.

> También puedes usar colores complementarios adyacentes, que son los que aparecen en posiciones contiguas al color elegido. Por ejemplo, rojo y naranja o rojo y fucsia.

> No utilices muchos colores.

> Elige un color principal y que ese sea el predominante.

> Deja espacios en blanco para no saturar al ojo.

> Intenta que no haya demasiados impactos visuales en la misma página.

Círculo cromático natural de 24 colores

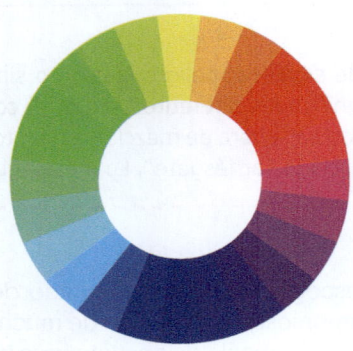

Estas son algunas herramientas para escoger paletas de colores:

Coolors, <https://coolors.co>.

Adobe Color Codes, <https://color.adobe.com/es/create>.

HTML Color Codes, <https://htmlcolorcodes.com/color-picker/>.

Color Hex, <https://www.color-hex.com/color-palettes/>.

Material Design, <https://material.io/design/color/the-color-system.html>.

Recursos gráficos

¿Qué sería de una página web sin imágenes? Serían completamente aburridas. Las imágenes mejoran la experiencia de usuario, la usabilidad y le dan un aspecto profesional.

Algunos gráficos, además, facilitan la comprensión del mensaje transmitido, mejorando así la impresión que damos a los visitantes de nuestra página web.

La elección de las imágenes es una tarea ardua; primero, porque normalmente no están a nuestra disposición todas las fotos que necesitamos y después, porque conseguirlas tiene un coste que a lo mejor no podemos asumir.

◁◉▷ EJEMPLO

Lo ideal sería hacer nuestra propia sesión de fotos, pero no siempre podemos ir a Tailandia para hacer una foto de un atardecer para una agencia de viajes y nos tenemos que conformar con las fotos que nos ofrecen los bancos de imágenes.

Los bancos de imágenes acarrean una serie de problemas que tendremos que sortear con habilidad e ingenio y manipulando algunas imágenes.

La escasez de imágenes amenaza seriamente la homogeneidad visual de la página web y rompe la continuidad del relato. Si hemos apostado por una paleta de colores en la que el morado es el color predominante, las fotos han de ir en consonancia. Si los tonos de las fotos son mayoritariamente verdes, romperán el equilibrio buscado.

También es un problema recurrente la aparición de elementos discordantes con los valores y la cultura del público objetivo. Si el *target* es oriental, deberíamos evitar las imágenes con personas excesivamente rubias. No se identificarán con ellas.

Con la comunicación de ideas ocurre algo parecido. No siempre podremos conseguir la foto exacta que queremos. O la hacemos por nuestra cuenta o la fabricamos manipulando otras. De ahí la importancia de los editores de imágenes.

Algunos consejos a la hora de seleccionar las imágenes serían:

Peso
- Hay que procurar que las imágenes pesen poco, entre 100 kB y 300 kB. Cuanto menos, mejor; no siempre será posible, pero hay que procurar que la mayoría de la fotos lo cumplan.

Tamaño
- 1.200 x 800 píxeles es un tamaño adecuado y se verá bien sin que se pixele en la mayoría de los dispositivos.

Formatos
- Los navegadores reconocen los formatos de imágenes que sean .jpg, .png y PIF.

Continúa en página siguiente >>

<< Viene de página anterior

Optimización
- La relación peso calidad ha de ser óptima y hay que comprobar el resultado en varios dispositivos y navegadores distintos.

Posicionamiento
- Las imágenes son un elemento más de la web y, por tanto, ayudan al posicionamiento.

 ## ACTIVIDAD COMPLEMENTARIA

2. Elige una paleta de cuatro colores elegantes que tenga como color principal el naranja, utilizando todas las herramientas de paletas de colores explicadas en el temario.

Existe una tipología específica de imágenes que se conoce como iconos. Los iconos son imágenes que condensan una idea en calidades y tamaño justos. Normalmente, son dibujos que se suministran en formato vectorial, el cual permite redimensionarlos sin perder calidad.

Con el uso de iconos ocurre algo especial, se han convertido en símbolos. Los iconos han creado un lenguaje propio y hay iconos que ya están presentes en la mente de los usuarios. El símbolo del correo electrónico es un sobre. El del menú son las tres rayitas horizontales. Esto es así para la mayoría de los países. Intentar cambiarlo significa que tus visitantes no lo entenderán, justo lo que no queremos. Por eso es mejor buscar los símbolos que mejor comunican tus ideas y elegir los que tengan el diseño más acertado para la página web.

**Ejemplo de iconos que se suelen utilizar
en páginas webs de dentistas**

Otro elemento que es una suma de información e imagen son los gráficos e infografías. Estos sirven para ampliar de forma resumida, esquemática y visual la información que queremos darle al usuario.

A veces, necesitaremos explicar algunos temas complicados. Otras, querremos hacer comparativos o situar al usuario en la perspectiva del tiempo para contar una historia. No hay tanto espacio en la página web para hacerlo. Tendremos que resumir y ponérselo fácil al posible cliente. De un solo vistazo deberá hacerse una idea de lo que queremos explicar y provocarle el deseo de seguir leyendo. Para ello, utilizaremos las distintas opciones de infografías:

Infografías informativas
- Dan a conocer un tema a grandes rasgos.

Infografías cronológicas
- Muestran de manera progresiva acontecimientos y datos relevantes de un suceso.

Infografías secuenciales
- Explican procesos.

Infografías estadísticas
- Muestran datos relevantes.

Las infografías simplifican la compresión de ideas complejas. Los árboles genealógicos son un ejemplo de ello. A veces es difícil saber cómo interaccionan distintas variables para obtener un resultado o cómo les ha afectado el tiempo. Las infografías posibilitan poner toda la creatividad en diferentes formatos para que el usuario entienda de un vistazo el mensaje.

También se complementan muy bien con texto de gran extensión, pues resumen muchos de los conceptos, son más divertidas y se entienden mejor y más rápido.

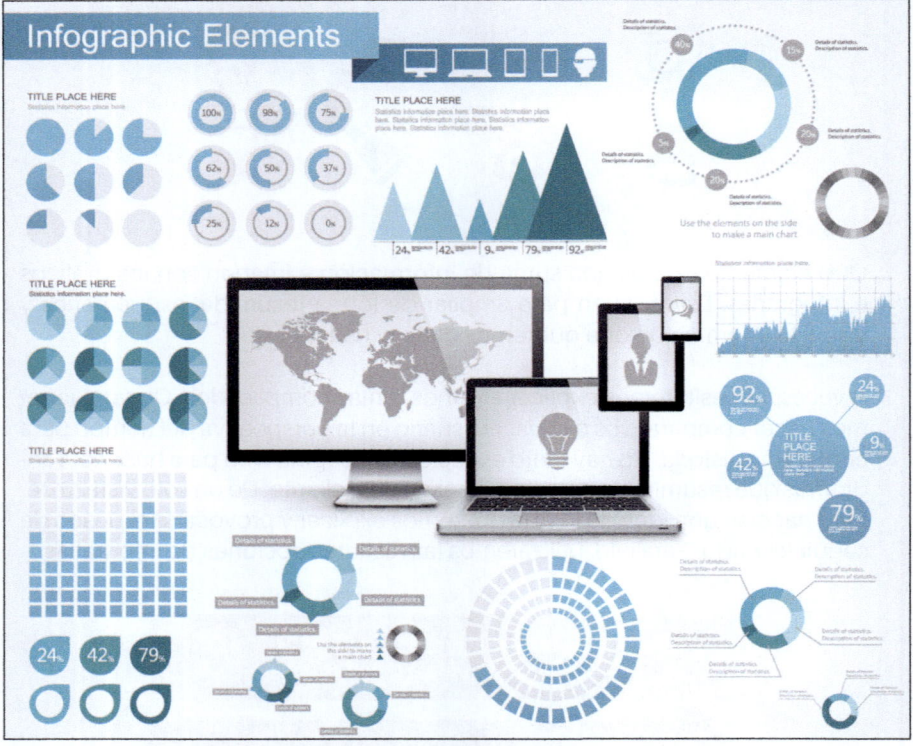

Ejemplo de infografía que combina una infografía estadística con informativa

Contenido multimedia

Como hemos comentado, el aspecto visual siempre es importante y por ello, un vídeo siempre transmite más que una imagen. Se añaden vídeos en las páginas web, pero nunca sacrificando la velocidad de carga.

Las tendencias actuales son:

| Ocupar toda la pantalla del *smartphone* | Usar un vídeo para una única idea | Hacer vídeos propios y no usar los ofrecidos en los portales de vídeos | Colocar vídeos tipo GIF en los fondos de las páginas web, aportando así el dinamismo necesario para atraer la atención de visitante |

Como la calidad de grabación de las cámaras ha ido creciendo sin parar, muchos vídeos han de ser optimizados con editores de vídeo, por lo que siempre es conveniente tener a mano una de estas herramientas y saber cómo usarla.

Cuatro herramientas populares para poder crear y editar vídeos son:

Mazwai

https://redirectoronline.com/ifcd010po0201

Pond5

https://redirectoronline.com/ifcd010po0202

CapCut

https://redirectoronline.com/ifcd010po0203

VSDC Free Video Editor

https://redirectoronline.com/ifcd010po0204

4.3. Los criterios técnicos

Existen otros criterios que afectan al diseño de páginas web. A veces, vienen impuestos por el mercado; otras, por la tecnología. Lo normal es que se tengan en cuenta para evitar ser excluidos y no llamar excesivamente la atención en aspectos que pudieran ser perjudiciales para la experiencia del usuario o la credibilidad de la marca.

Criterios de diseño

Vivimos en un mundo global conectado en el que las modas se propagan con rapidez y lo que hoy es tendencia en pocas semanas se convierte en poco menos que una exigencia.

En diseño web ocurre algo similar. Desde los años noventa el desarrollo de páginas web se ha ido transformando en pos de dos metas principales: mejorar la usabilidad y conseguir la atención del usuario.

Identificación

En la actualidad, se busca la máxima identificación con el *target* o segmento de clientes al que nos vamos a dirigir. El usuario debe sentir que la empresa le entiende, que habla su mismo idioma, que además de ofrecerle productos comprende los motivos que le llevan a comprar.

 **EJEMPLO**

Pensemos en una empresa que vende *pizza* y la sirve a domicilio. Si lo que quiere es conseguir clientes jóvenes de entre 18 a 30 años, en su página web podrían añadir imágenes relacionadas con situaciones en las que varios jóvenes de esas edades interactúan entre ellos y con las *pizzas* con el fin de asociar, por ejemplo, una velada de juegos en grupo o el visionado de una película con el consumo de *pizza*.

Velocidad

También es tendencia absoluta la velocidad. Cuanto más rápido carguen las páginas web, mejor será la experiencia de usuario.

Los móviles marcan el paso. Todo lo que pueda ralentizar la carga de la página web en un *smartphone* será eliminado. De ahí la profusión de iconos en lugar de imágenes más pesadas o la llegada de nuevas tecnologías. Este es el caso de las imágenes JPEG progresivas, que presentan la imagen completa, pero con una calidad inicial suficiente para identificar el contenido pero que va mejorando a medida que carga más datos.

Solo existe una ocasión para lograr una buena impresión. Dicha ocasión dura escasas décimas de segundo y debemos aprovecharla. Solo ocurre una vez.

La velocidad ha obligado a los desarrolladores web a esforzarse en identificar y jerarquizar los elementos más importantes. Estos elementos son los que primero aparecerán en el dispositivo móvil. Es como decirle al usuario: *aquí tienes lo que has venido a buscar y mientras comienzas a ver lo que te ofrezco, te iré preparando algunas otras cosas interesantes.*

Otra consecuencia apreciable de la búsqueda de mejoras en la velocidad es el diseño minimalista de las páginas web. Hemos pasado de *cuanto más, mejor* a *justo lo necesario.* Aún se ven sitios web abigarrados, cargados de fotos, textos y anuncios por doquier. Eran como bazares donde el esfuerzo por encontrar lo que necesitabas era agotador.

 EJEMPLO

Podría pensarse que las páginas web como las de *Amazon* o *AliExpress* son anticuadas por no ser minimalistas. Al contrario. Sus constantes innovaciones y la introducción de inteligencia artificial para agilizar las búsquedas y por localizar lo que el cliente ha ido a comprar son inmensas. Lograr que en muy pocos clics un visitante decida comprar algo de lo que solo sabe su utilidad o con una referencia que un primo de un amigo le había comentado es casi un milagro para una tienda que dispone de cientos de miles de referencias.

Lo que más ralentiza la carga de una página web son las fotos y los vídeos. En este caso, la calidad está reñida con la velocidad. A más calidad, más pesado y tiempo de carga.

No debemos sacrificar la velocidad por la calidad. De nada sirve que pongamos la imagen más nítida si el usuario ya se ha ido. Es mejor ofrecer la calidad justa y darle al usuario la posibilidad de hacer clic sobre la foto para que un enlace lo lleve a verla con la máxima calidad, pero será decisión del usuario.

 EJEMPLO

Imaginemos qué ocurriría si una galería de arte pusiera en su primera página fotografías de cada uno de los cuadros expuestos en las que se vea hasta el más mínimo detalle. ¿Cuánto tardaría en cargar esa página web? ¿No sería mejor que el invitado tuviera una panorámica de todo lo expuesto y darle la oportunidad de adentrarse más tarde en lo que más le interese?

Pues sí, claro. Primero hay que lograr que se quede, luego que muestre un poco de interés y a partir de ahí tirar de ese hilo para llevarle por otros contenidos. En este caso habría que hacer una página exclusiva para cada cuadro y enlazarla con otras para ir guiando al visitante por diferentes autores y estilos, o incitarle con algunos recorridos ya preparados a modo de visita guiada. Si el huésped muestra preferencias por algún color, podríamos mostrarle algunos más en la misma gama por si lo que está buscando es algún cuadro para decorar su casa. ¿Por qué no? ¿Cuáles son las motivaciones del cliente?

Dentro de esta limitación de velocidad, los vídeos están dando paso a los GIF animados. En un principio, los GIF eran imágenes con 256 colores nada más y que estaban codificadas para que se vieran bien pero que tuvieran el mínimo peso. Con el tiempo aparecieron los GIF animados, que eran una sucesión de imágenes unidas por un motor que las presentaba dando sensación de movimiento. En la actualidad, los GIF animados son pequeños vídeos que transmiten una única idea y con una relación calidad-peso muy eficiente.

DEFINICIÓN

GIF

Los GIF animados son pequeños vídeos que transmiten una única idea y con una relación calidad-peso muy eficiente.

Algo similar ocurre con los iconos, que son imágenes de peso ínfimo que transmiten una única idea. Los iconos son la forma más eficiente de presentar un concepto, se dirigen directamente al subconsciente.

✏ **ACTIVIDAD COMPLEMENTARIA**

3. Elige dos páginas web de clínicas veterinarias y mide la velocidad de carga de cada una de ellas mediante *PageSpeed Insights* de *Google.* Compara los resultados y las recomendaciones del motor de búsqueda *Google.*

Orden y limpieza

Las páginas web ordenadas y limpias son una consecuencia lógica de los propios dispositivos móviles. A menos pantalla, menos espacio para mostrar cosas. Si, para colmo, los contenidos se presentan con menor tamaño, es de imaginar que los más importantes aparezcan en solitario y ocupando el máximo espacio de la pantalla.

Si lo que queremos mostrar es la foto de un producto, sobra hasta el menú de la página web; precisamente por eso, en los dispositivos móviles aparece el símbolo de menú con tres rayitas horizontales, también llamado botón hamburguesa o *hamburger button,* que ocupa muy poco espacio en una esquina.

Distintas opciones de icono *hamburger button* para pantallas pequeñas

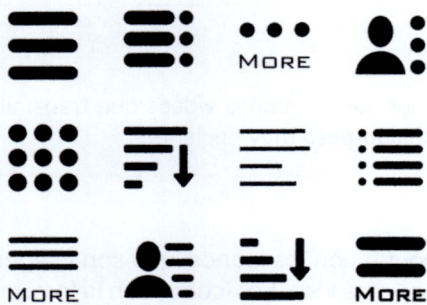

4.4. Los criterios SEO

Así que para mejorar la posición en los buscadores con el diseño visual de la página web, debemos seguir estos consejos:

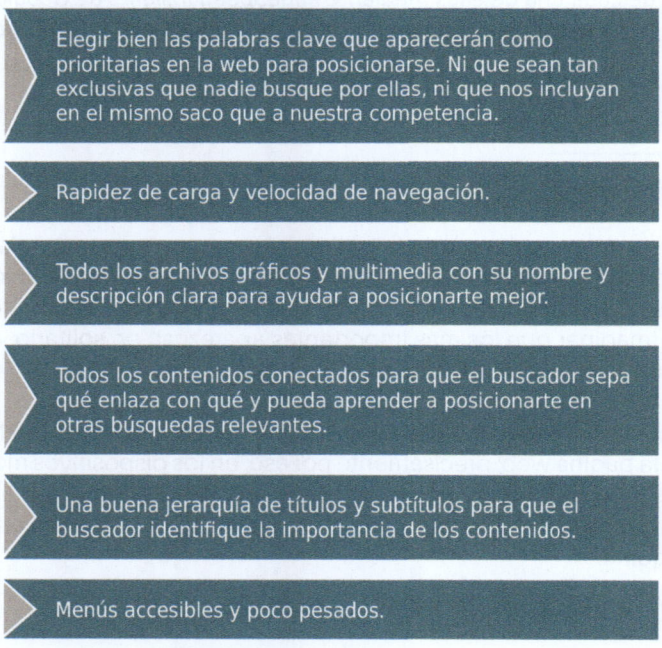

Elegir bien las palabras clave que aparecerán como prioritarias en la web para posicionarse. Ni que sean tan exclusivas que nadie busque por ellas, ni que nos incluyan en el mismo saco que a nuestra competencia.

Rapidez de carga y velocidad de navegación.

Todos los archivos gráficos y multimedia con su nombre y descripción clara para ayudar a posicionarte mejor.

Todos los contenidos conectados para que el buscador sepa qué enlaza con qué y pueda aprender a posicionarte en otras búsquedas relevantes.

Una buena jerarquía de títulos y subtítulos para que el buscador identifique la importancia de los contenidos.

Menús accesibles y poco pesados.

5. Construir el sitio

☞ HILO CONDUCTOR

Juan Fernández está buscando el nombre de dominio para la empresa Ropas Modernas S. L. y su página web, por eso se ha puesto en contacto con una empresa de servicios de *hosting* a la que le ha pasado un listado con varios nombres de dominios para ver su disponibilidad y presentárselos a su cliente.

Sin duda, llega el momento de ponerse a trabajar, pero seguro que surgen muchas dudas sobre qué pasos seguir, porque ¿dónde se ubican las páginas web? ¿Cómo llegan a verlas personas que están al otro lado del mundo?

En realidad, una página web es un conjunto de archivos enlazados que se alojan en un ordenador en algún lugar del mundo. Este ordenador se llama servidor porque en realidad se pone a disposición de todos los contenidos de las páginas web alojadas en él a través de internet.

Ese ordenador puede estar en la propia oficina o en las instalaciones de un proveedor de alojamiento web. Esta última opción es la más utilizada, pues esos proveedores se encargan de mantener y actualizar las infraestructuras y el *software* necesario para que las páginas web lleguen al público.

Cada servidor tiene un código identificador, la IP, formado por cuatro números separados por puntos (145.196.099.200), según directiva IPv4 o por una serie de números hexadecimales [2001:4898:23:1002:20f:1fff:feff:b3a3], separados por dos puntos y enmarcados en corchetes, según normativa IPv6.

En efecto, las páginas web realmente están hospedadas bajo una dirección IP. Pero como se puede comprobar, sería casi imposible buscar una empresa por su IP. Es mejor recordar simplemente su nombre, el dominio.

DEFINICIÓN

Dominio

Es un nombre único e inequívoco a nivel mundial para una región de internet delimitada de forma lógica, como, por ejemplo, una página web. Es decir, un nombre para un lugar en internet, solo que ese lugar es digital y no físico.

Recordar las IP de cada página web sería un trabajo demasiado duro, por eso se creó el sistema de nombres de dominio, para permitir crear términos y denominaciones más fáciles de recordar. Es cuando entran en juego las DNS. ¿Cómo funcionan las DNS?

EJEMPLO

Imaginemos que queremos entrar en la página web de nuestro banco, *bancreditpago.es*, y que esa página está alojada en el servidor cuya IP es 85.987.232.231. Para ello, tecleamos en el navegador *bancreditpago.es* y este nos dirige a ella. El navegador consultará un servidor DNS cuál es la dirección IP del dominio. Este servidor DNS, a su vez, casará la información entre la IP y el nombre del dominio y devolverá la ubicación de la página web al navegador.

Para evitar realizar constantes consultas al servidor DNS, el navegador guardará esta información de forma temporal, de manera que se pueda servir la web sin realizar esa consulta previa. Por eso, en muchas ocasiones, nos piden que actualicemos la consulta con la tecla [F5], para que el dominio vaya a la dirección IP más actual.

5.1. El nombre de dominio

Así que lo primero que tendremos que hacer es elegir el nombre de dominio.

El nombre de dominio es parte de la dirección de la página web y es el nombre por el cual los usuarios la conocerán. Los nombres de dominio deberían ser fáciles de recordar, de teclear y de pronunciar, para que los usuarios puedan acceder a la página lo antes posible mediante el teclado o el asistente de voz.

Se debería considerar poner el nombre de la empresa en el dominio, para que sus clientes actuales puedan encontrarlo.

También se puede incluir la marca, el producto o el tema de la página web. El nombre de dominio es parte importante de la marca del propio sitio, la cual irá ligada a la marca de la organización a la que representa. Los visitantes llegarán a conocer el sitio con este nombre, por lo que no es aconsejable cambiarlo con frecuencia.

Se puede comprar un nombre de dominio de un agente de dominio o directamente a través de la empresa de alojamiento web *(hosting)*. Ten en cuenta que tu proveedor de servicios de *hosting* podría ofrecer un dominio gratuito como parte de su plan de *hosting,* así que espera hasta que hayas elegido tu plan de *hosting* antes de comprar un dominio.

 **NOTA**

A la hora de comprobar nombres de dominios y su disponibilidad, se puede comprobar visitando las páginas, entre otras:

GoDaddy	Nominalia
https://redirectoronline.com/ifcd010po0205	*https://redirectoronline.com/ifcd010po0206*

Continúa en página siguiente >>

<< Viene de página anterior

Ionos

https://redirectoronline.com/ifcd010po0207

Hostalia

https://redirectoronline.com/ifcd010po0208

Arsys

https://redirectoronline.com/ifcd010po0209

La terminación es también importante, pues da idea del sector al que pertenece la organización o el país. Así, *.es* es el indicador de España, *.com* indica que la empresa es comercial y *.edu* que es una entidad relacionada con la educación.

Estos son algunos consejos para elegir dominio:

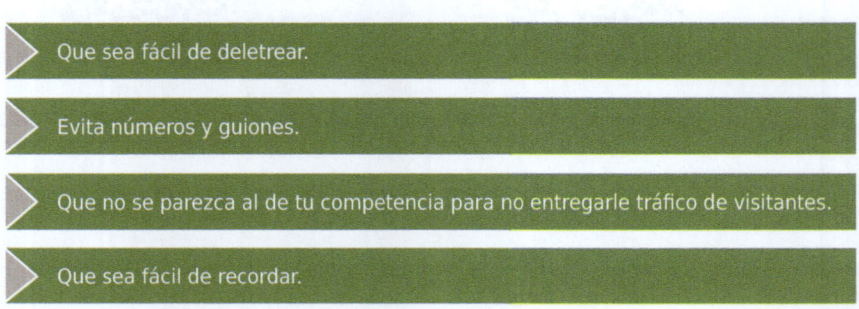

Que sea fácil de deletrear.

Evita números y guiones.

Que no se parezca al de tu competencia para no entregarle tráfico de visitantes.

Que sea fácil de recordar.

Continúa en página siguiente >>

<< Viene de página anterior

Que se asocie a tu actividad.

Procura que no tenga significados negativos en otros idiomas.

Intenta que no te lo puedan reclamar por tener algún derecho asociado.

 ## APLICACIÓN PRÁCTICA

Supongamos que una empresa de materiales de construcción ubicada en Málaga nos solicita que le busquemos un nombre de dominio acorde a su empresa y a lo que ellos venden. Es una empresa de reciente creación y es poco conocida aún. Ellos son especialistas en suelos de cerámica ¿Cómo sería el nombre de dominio más adecuado?

Solución (Posible solución)

Esta empresa se ha constituido recientemente y será muy difícil que los posibles clientes traten de buscar su nombre o su marca que aún no serán conocidos. No obstante, la mayoría de los compradores hacen búsquedas por "materiales de construcción" y además suelen filtrar los resultados por ubicaciones cercanas. Así que un dominio del tipo *materialesdeconstruccionmalaga.com* sería una primera aproximación. Sin embargo, este dominio es demasiado largo y seguro que ya es propiedad de alguien. Es el momento de solicitar información a la empresa para saber en qué son realmente diferentes a la competencia para ver si de esa forma utilizamos esa diferencia para posicionar a la empresa y a la página web. Como son especialistas en suelos de cerámica, quizá un dominio del tipo *suelosceramicos.com* sería interesante.

5.2. Alojamiento web

Ahora que ya se ha comprobado la disponibilidad del dominio y se ha elegido uno, lo siguiente será disponer de un sitio donde alojar nuestra web, es decir, todos los archivos (tanto del sistema como imágenes, textos, etc.) que serán necesarios para ponerla en funcionamiento.

Si se va a contratar, se debería saber que la mayoría de las empresas de *hosting* proporcionan diferentes tipos de planes de *hosting,* dependiendo de las necesidades del sitio.

A la hora de contratar nuestro proveedor de *hosting* hemos de fijarnos muy bien en una serie de factores que serán clave para no llevarnos sorpresas desagradables en un futuro:

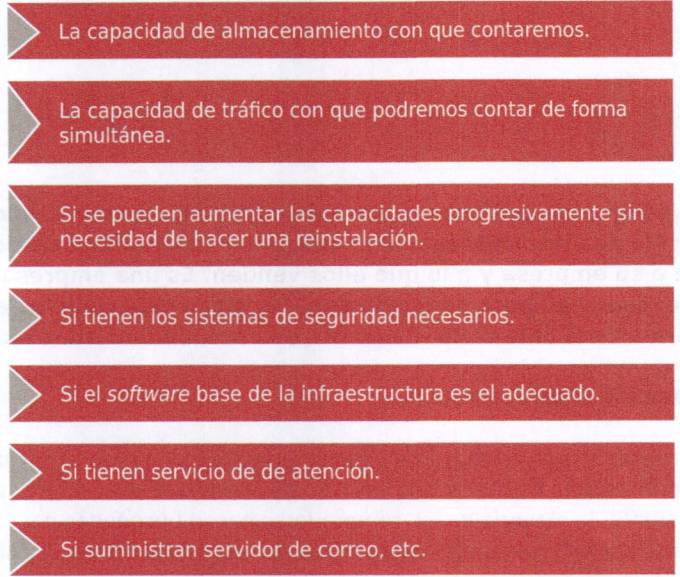

La capacidad de almacenamiento con que contaremos.

La capacidad de tráfico con que podremos contar de forma simultánea.

Si se pueden aumentar las capacidades progresivamente sin necesidad de hacer una reinstalación.

Si tienen los sistemas de seguridad necesarios.

Si el *software* base de la infraestructura es el adecuado.

Si tienen servicio de de atención.

Si suministran servidor de correo, etc.

Los servidores más baratos son los que permiten *hosting* compartido, de modo que un mismo ordenador alojará varias páginas web, de diferentes clientes, sin que unas interfieran en las otras.

5.3. Instalación

Lo normal es que el propio proveedor de *hosting* te dé una herramienta para llevar los archivos al servidor. En caso contrario, deberás usar herramienta FTP o SSH.

 **DEFINICIÓN**

FTP

File Transfer Protocol, protocolo de transferencia de archivos.

SSH

Protocolo de transferencia de archivos y el nombre del programa con el que se usaba al principio.

FTP y SSH son protocolos de transmisión de archivos entre ordenadores. Tampoco nos debemos asustar mucho, porque, en realidad, lo único que debemos saber es la IP del servidor, el puerto por el que transmitir y las claves de entrada. Después, solo tenemos que copiar los archivos de un sitio a otro al más puro estilo del navegador de *Windows.*

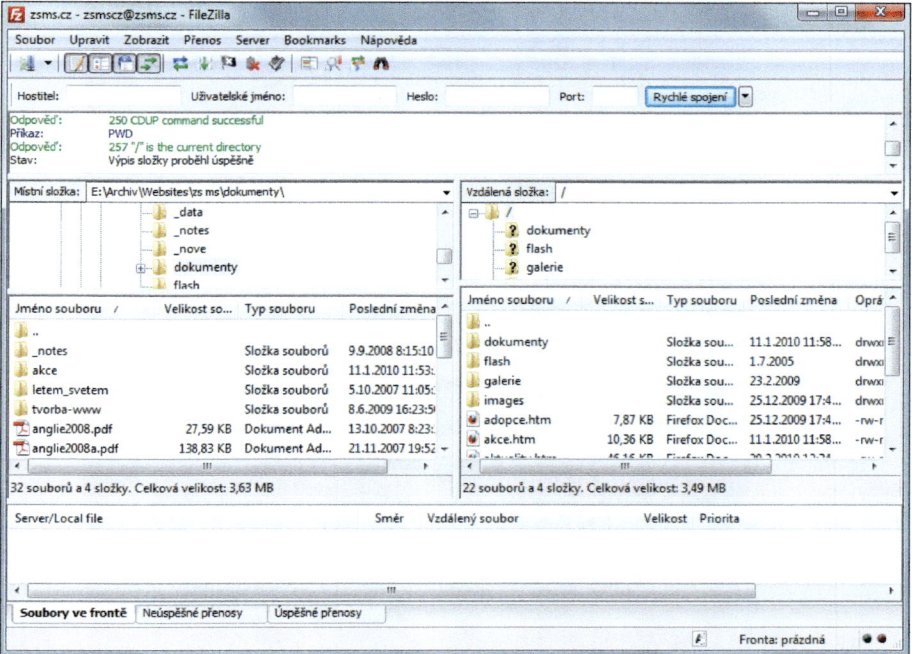

Herramienta FileZilla de gestión de archivos y documentación mediante FTP

6. Analiza la estructura

☞ **HILO CONDUCTOR**

Ropas Modernas S. L. le ha pasado a Juan Fernández los distintos apartados que quiere que estén dentro de su web. Con esa información Juan está elaborado un boceto de la estructura de la web para que se lo aprueben.

Como se ha mencionado en apartados anteriores, el diseño de una página web comienza por su arquitectura, la estructura y jerarquización de los contenidos e información de una web.

La arquitectura web hace que las páginas web:

> Tengan coherencia con los valores y la imagen corporativa.

> Sean predecibles, permitiendo el rápido acceso a todo lo que el usuario necesita.

> Favorezcan la usabilidad, más allá de su predictibilidad, haciéndolas rápidas, permitiendo que se detecten los puntos de interacción sin esfuerzo o impidiendo que el visitante se pierda o quede atascado.

> Categoricen los mensajes según su importancia.

> Faciliten el acceso desde cualquier navegador y dispositivo.

> Y, sobre todo, maximicen el SEO (*Search Engine Optimization* o posicionamiento en buscadores) para que los buscadores las coloquen en los primeros puestos de la SERP (*Search Engine Ranking Position* o posición en la lista de resultados de la búsqueda).

La arquitectura tiene en cuenta el diseño de la interfaz del usuario, trabajando su aspecto visual y las diferentes secciones. También tiene en cuenta las funcionalidades de la página web que permiten la interacción con el usuario y la forma en que se presenta la información.

Hay dos conceptos importantes:

Taxonomía

La taxonomía web que se encarga de agrupar los contenidos por categorías.

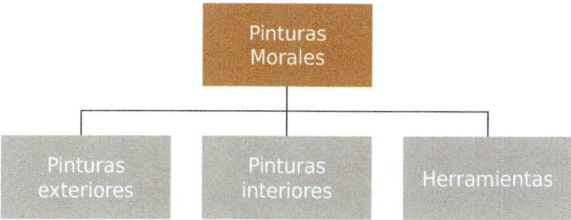

Ontología

Que define la forma en que se distribuyen y conectan los contenidos dentro de una misma taxonomía y con respecto a otras taxonomías. Trata sobre la profundidad, los distintos niveles de la página web y sus relaciones.

La ontología de la página web se realiza enlazando contenidos mediante enlaces, llamadas a la acción *(Call to Action),* menús de navegación o "miguitas de pan", también conocidas por *breadcrumbs,* esa especie de enlaces que relacionan conceptos similares y que provocan el deseo de acceder a otros contenidos.

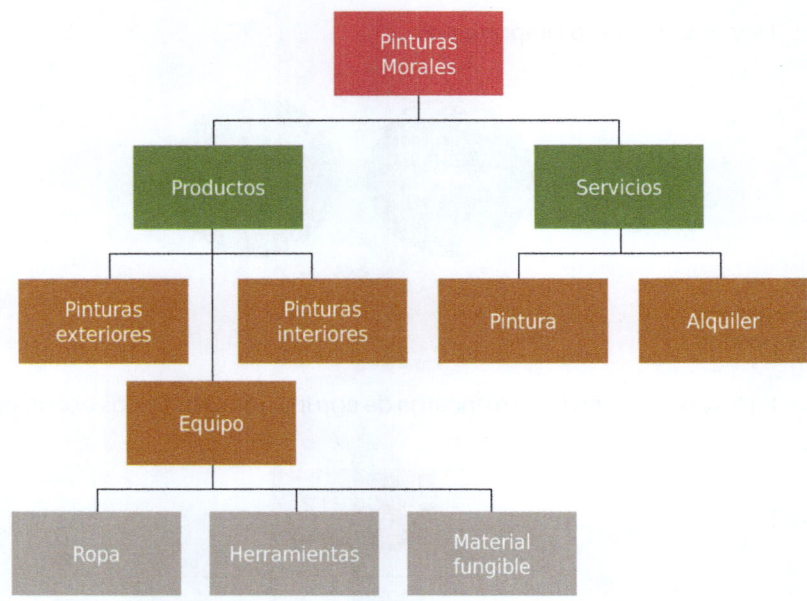

Con solo estos dos conceptos ya podemos hacer una primera aproximación a los tipos de arquitecturas. Podemos tener estructuras horizontales y verticales. Las primeras las hemos visto desarrolladas en las imágenes anteriores, una estructura vertical la vemos en la siguiente imagen:

Pero hay otro tipo de estructura que está siendo tendencia en estos últimos tiempos: la estructura SILO.

El concepto "silo" se refiere a una estructura construida para albergar una única categoría. Es decir, para no mezclar elementos diferentes en un mismo lugar, se organizan estos elementos en departamentos diferentes para que de esta forma se pueda localizar uno de esos elementos rápida y eficazmente. En realidad, ya sabemos de antemano donde está.

Para el posicionamiento SEO es ideal. Es una estructura que le permite a los buscadores localizar las palabras clave de forma fácil y rápida.

Para crear esta estructura SILO, primero debemos tener claras cuáles serán las palabras clave que queremos utilizar. La estructura puede empezar por la palabra clave principal y, surgiendo de ella, otras palabras clave que serán cada vez más específicas. Una vez que tengamos decididas estas palabras clave, dividiremos la web en diferentes niveles. ¿Qué hay en cada nivel?

Con el primer nivel hacemos referencia a la página de inicio, a la que asignaremos la palabra clave principal.

El segundo nivel lo forman las páginas enlazadas desde el menú y que representan una palabra clave cada una. Se llaman "páginas pilar", y en ellas se desarrollan contenidos para cada una de las palabras clave elegida.

En el tercer nivel están esas subcategorías que aparecen dentro de cada ítem del menú y que tendrán por nombre, a su vez, nuevas palabras clave relacionadas con las categorías superiores.

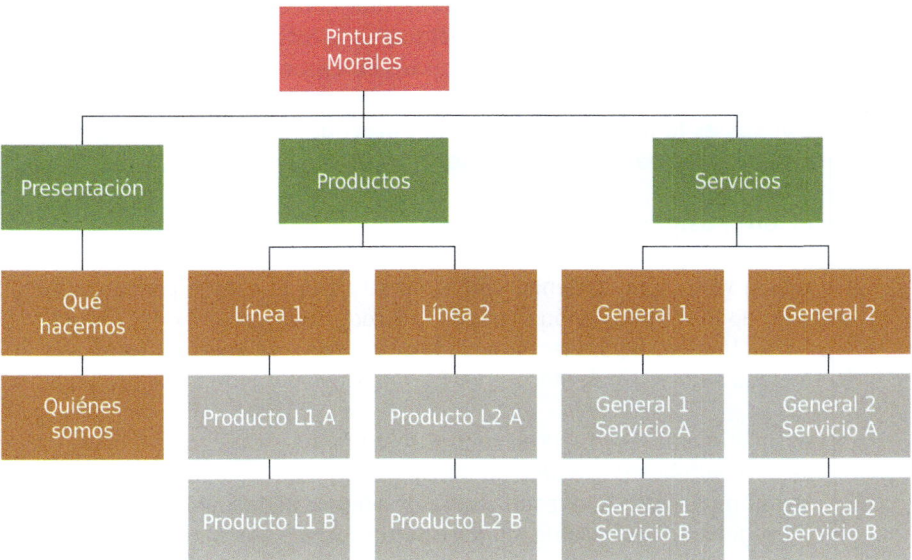

De esta forma, los motores de búsqueda reconocerán los diferentes niveles de la página web, los conceptos prioritarios y los específicos. Luego, cuando un usuario solicite información para localizar algo en concreto, el buscador sabrá entregarlo con exactitud y mostrar también otros conceptos relacionados de la misma página, pues los reconocerá como coherentes.

Para seguir manteniendo la compartimentación de las palabras clave, es recomendable no enlazar categorías diferentes. A veces resulta difícil, pero nunca hacerlo en los primeros niveles.

Así que todo lo explicado nos lleva a concluir una vez más que la preparación antes de ponerse a programar es esencial.

Hay que decidir si lo que preferimos son listados de productos o quizá presentarlos cada uno en una página independiente; si los contenidos deben estar presentes en determinadas páginas, elegir su ubicación y priorización. ¿Dónde se ubicará el logo de la empresa? ¿Habrá un *banner*? ¿Tendremos 1 o 2 columnas? ¿Pondremos buscador?

 **APLICACIÓN PRÁCTICA**

Supongamos que una empresa de autobuses nos pide que le hagamos una página web. Son una empresa familiar con una antigüedad estimable. Hacen recorridos locales, nacionales e internacionales. Entre los recorridos locales, hacen trabajos para colegios y asociaciones. Se han especializado en destinos turísticos europeos, por lo que su flota de autobuses es la más moderna de su entorno. ¿Qué clase de estructura recomendarías para la página web?

Solución (Posible solución)

La página web debe contener, sobre todo, lo que el cliente pueda buscar y después aportar información de modo que todo se encuentre de forma rápida y precisa. Una estructura recomendada y que pone en valor las fortalezas de la empresa sería la siguiente:

- En un primer nivel estaría el nombre de la empresa en la que se remarque la palabra autobuses o la idea de transporte por carretera. También podemos añadir un eslogan que resuma el valor diferencial de la empresa.
- Un segundo nivel incluiría los transportes locales, los transportes vacacionales, la experiencia de la empresa y un acceso a los datos de contacto.
- El tercer nivel que cuelga de servicios por tipo de cliente estaría compuesto por los servicios a colegios y asociaciones.

Continúa en página siguiente >>

<< Viene de página anterior

- El tercer nivel que cuelga de destinos se completaría con destinos nacionales, internacionales o locales.
- Admitiría un cuarto nivel en caso de que hubiera algún destino que se realizara con una frecuencia establecida.

7. Organiza los archivos

👉 HILO CONDUCTOR

Ropas Modernas S. L. ha aprobado la estructura de la web y Juan Fernández ha comenzado con los primeros pasos de la organización de la web en el dominio comprado, preparando las carpetas y subcarpetas que son la base para la programación y diseño definitivo de la web de la empresa.

Un sitio web consta de varios archivos:

Archivos de texto — Código — Hojas de estilo — Contenido multimedia — Etc.

Cuando se está construyendo un sitio web, primero se necesita organizar todos estos archivos en un ordenador local utilizando cierta lógica, asegurándose de que estos archivos pueden comunicarse entre sí y de que todos tus contenidos están correctos antes de subirlos a un servidor.

Todos los archivos se deben guardar en una única carpeta en la que los diferentes archivos se ordenen en subcarpetas por tipología.

Existe un archivo, el llamado *index.html,* que es el primero que llamará el servidor cuando un usuario solicite la página web, que deberá estar en el directorio raíz. El resto podrá estar en las subcarpetas.

Se pueden crear carpetas de imágenes, de estilos, de vídeos, de páginas de segundo y tercer nivel de la manera que sea más fácil encontrar.

NOTA

Los servidores *Windows* no distinguen entre mayúsculas y minúsculas, pero Linux y Unix sí distinguen entre mayúsculas y minúsculas, por lo que hay que tener cuidado. Una buena práctica es usar siempre minúsculas para los nombres de archivos, carpetas y rutas de URL.

Una vez que se tenga la estructura de directorios en su lugar, se comienzan a crear los documentos. Y es en este proceso cuando se necesitará saber cómo llegar a un recurso en particular de la estructura para, por ejemplo, incluir una imagen en un documento o establecer un vínculo.

La forma más fácil de hacer un vínculo es utilizar un vínculo completo en el que se incluye todo el camino desde el inicio. Las URL relativas indican el camino desde la carpeta en la que está el archivo que hace la llamada.

Una URL es una forma de localizar recursos. Por ejemplo, en un ordenador sabemos que podemos encontrar la foto "imagen.jpg" en el disco C en la carpeta **Documentos** y en la subcarpeta **Fotos.** La URL sería: C://Documentos/Fotos/imagen.jpg.

Pues con los servidores funciona igual:

```
https://midominio.com/Documentos/Fotos/imagen.jpg
```

Lo único distinto es que el disco C:// se sustituye por un protocolo, https://, y el dominio, midominio.com. El resto es igual.

Las cosas más comunes que tendremos en cualquier proyecto de sitio web que creemos son un archivo HTML índice y carpetas que contienen imágenes, archivos de estilo y archivos de programación para dar dinamismo e interacción a las páginas web.

"index.html"
- Este archivo es el primero que buscará el navegador y contiene lo básico para que funcione la página web.

Carpeta *Media*
- Carpeta con todas las imágenes, vídeos y demás elementos gráficos.

Carpeta *Styles*
- Esta carpeta contiene todos los archivos de estilo CSS.

Carpeta *Scripts*
- Esta carpeta tendrá todos los archivos de programación tipo *javascript* o *php*.

 TAREA 2

Desarrolla la estructura de carpetas y subcarpetas de la web de una frutería, Frutería López, con las siguientes características:

- Dominio: www.fruterialopez.com.
- Gamas de productos: frutas y verduras.
- Línea de producto Frutas: naranjas, manzanas y peras.
- Línea de producto Verduras: de temporada y envasadas.
- Productos Verduras envasadas: tomate y pimientos.

8. Resumen

Hay mucho trabajo que hacer antes de ponerse a programar una página web. Pero toda esa preparación es la clave para ahorrar tiempo y diseñar un sitio web de éxito.

Una página web se diseña para dar información y ofrecer soluciones a las necesidades de su público objetivo. Es también un escaparate para mostrar organizaciones, productos y servicios, pero los usuarios solo se quedarán en ella si encuentran algo de valor.

El usuario es el centro de todas las acciones y la página web debe diseñarse para satisfacer sus necesidades, hacer que su experiencia sea muy agradable y para lograr que realice alguna acción que lo acerque a los objetivos de la compañía.

Los usuarios suelen encontrar las páginas web a través de buscadores, por lo que estas deben cumplir los requisitos de motores de búsqueda para no ser penalizadas y, además, conseguir estar en los primeros puestos de la lista de resultados.

Las empresas transmiten sus mensajes mediante texto, material gráfico, colores, contenido multimedia y, sobre todo, su propia imagen corporativa. Todos estos elementos se combinan para favorecer la comunicación y la experiencia de usuario, sin sacrificar la velocidad de carga y cumpliendo los requisitos SEO de los motores de búsqueda.

La mayoría de los usuarios navegan por internet a través de su *smartphone*, por lo que hay que realizar diseños para los distintos tipos de dispositivos, ya sean móviles, *tablets* u ordenadores de sobremesa.

Se pueden utilizar varios tipos de estructuras, aunque la tendencia actual son las estructuras tipo SILOS por categorías, con no más de tres niveles de profundidad.

Las páginas web son un conjunto de archivos que se distribuyen en carpetas y subcarpetas en un ordenador. Este ordenador, llamado servidor, cuando se conecta a internet tiene un identificador único llamado IP. Hay organismos internacionales, los servidores DNS, que unen el nombre de dominio de la página web con la dirección IP. De esta forma, cuando se escribe en el navegador el nombre de dominio, dirige al servidor donde está alojada la página web.

Ejercicios de autoevaluación
Unidad de Aprendizaje 2

1. El patrón de lectura de los usuarios cuando visitan una página web sigue una...

    a. ... forma de H.
    b. ... forma de pez.
    c. ... forma de A.
    d. ... forma de F.

2. Se llama SEO al conjunto de acciones orientadas a mejorar el posicionamiento de un sitio web en la lista de resultados orgánicos de *Google, Bing* u otros buscadores de internet, que consisten básicamente en:

    a. Pagar a las empresas propietarias de los motores de búsqueda.
    b. Navegar en redes sociales localizando clientes.
    c. Técnicas de *e-mail marketing*.
    d. Facilitar la localización de contenido mediante velocidad de carga, jerarquía y palabras clave.

3. Determina si la siguiente oración es verdadera o falsa: "La identidad de marca es la forma en que las personas reconocen la empresa".

    ■ Verdadero
    ■ Falso

4. Para diseñar una página web, debemos tener en cuenta los criterios de experiencia de usuario. Tres de estos criterios son:

    a. Tipografía, colores y personalidad.
    b. Tipografía, *storytelling* y recursos gráficos.
    c. *Storytelling,* imagen de marca y SEO.
    d. Valor de marca, colores y recursos gráficos.

5. Los diseñadores web suelen utilizar...

a. ... dos o tres tipografías diferentes.
b. ... una única tipografía para toda la página web para darle coherencia.
c. ... una tipografía diferente a cada párrafo para diferenciarlo de los demás.
d. ... exactamente la misma tipografía que tenga el líder del sector.

6. Determina si la siguiente oración es verdadera o falsa: "Un exceso de colores puede causar confusión o hacer parecer que la web está sobrecargada".

■ Verdadero
■ Falso

7. El uso de imágenes...

a. ... es innecesario.
b. ... da un toque de profesionalidad y mejora enormemente la usabilidad.
c. ... no es recomendable para el diseño de páginas web profesionales.
d. ... influye en la usabilidad, pero mejor evitarlo.

8. ¿Cuál de los siguientes criterios NO son criterios SEO?

a. Rapidez de carga.
b. Velocidad de navegación.
c. Jerarquía de títulos y subtítulos.
d. Pagar al buscador.

9. Determina si la siguiente oración es verdadera o falsa: "Los mejores nombres de dominio son difíciles de recordar para los usuarios".

■ Verdadero
■ Falso

10. Para diseñar una página web rápida es mejor...

     a. ... crear una estructura horizontal de un único nivel.
     b. ... crear una estructura vertical de un único nivel.
     c. ... crear una estructura de no más de 3 niveles.
     d. ... crear una estructura de no menos de 3 niveles.

Lenguaje HTML

Contenido

1. Introducción
2. Diseño del contenido
3. Propósito y audiencia de la web
4. Diseño de la apariencia
5. Construir el sitio
6. Analiza la estructura
7. Organiza los archivos
8. Resumen

Objetivos

El objetivo general de esta Unidad de Aprendizaje es:

→ Introducir al alumnado en el lenguaje HTML y crear las primeras estructuras de una página web.

Los objetivos específicos de esta Unidad de Aprendizaje son:

→ Establecer una jerarquía SEO óptima para los buscadores.

→ Saber qué códigos añadir para incluir texto e imágenes y darle formato, así como generar archivos con extensión .html.

→ Aprender a crear hipervínculos y enlazar con las diferentes páginas que conforman un sitio web, así como páginas externas.

1. Introducción

La pregunta que a menudo se hacen los diseñadores web es si sigue siendo imprescindible aprender a programar para hacer una página web. Hoy día hay mil maneras de hacer una página web. ¿Por qué no escoger alguna de ellas en lugar de programarla desde cero?

Sin embargo, la pregunta está mal formulada porque se basa en una premisa errónea. No se trata de programar desde cero, sino de programar para transmitir de la manera más precisa. A veces habrá que programarlo todo y otras modificar algo que ya esté hecho por otras personas.

Nadie discute la validez de las herramientas que hay a disposición de todos para crear y diseñar sitios web. Son realmente útiles y en muchos casos más que suficientes. Pero el usuario, el cliente que reina sobre nuestro trabajo, es caprichoso y cambiante. Cuando pensábamos que habíamos dado en el clavo, de pronto, ya no enamora y las audiencias caen estrepitosamente. ¿Cambiamos toda la web o la mejoramos? ¿Afinamos aquí y allá, probando pequeños cambios o lo rompemos todo?

Aprender a programar te da libertad. Da igual lo que se decida, se podrá hacer. Incluso cuando se utilice una herramienta prediseñada no nos sentiremos encorsetados, pues podremos añadir, quitar y modificar lo que queramos.

Demos un paso más lejos, ¿para qué más sirve aprender a programar en HTML 5? Pues para escribir correos electrónicos realmente creativos para atraer más audiencia, crear animaciones con imágenes o también juegos.

HTML se ha convertido en un lenguaje universal al servicio de las mentes más creativas y este curso es un buen medio para comenzar a conocerlo.

En esta unidad seguiremos comprobando cómo Juan Fernández se va adaptando y va dando soluciones a las peticiones de los propietarios de la empresa Ropas Modernas, S. L. El proyecto es un reto interesante y divertido a la vez.

2. Programación en HTML

☞ HILO CONDUCTOR

Juan Fernández ya decidió la estructura y ahora debe comenzar a programar. En principio, quiere conocer las posibilidades que le ofrece el lenguaje HTML y luego irá añadiendo tecnologías a medida que las vaya necesitando.

HTML, son las siglas en inglés de *HyperText Markup Language* o lenguaje de marcas de hipertexto. Hace referencia al lenguaje de marcado para la elaboración de páginas web.

Básicamente, el hipertexto es texto que contiene enlaces a otros textos. Es un sistema de organización y presentación de datos que se basa en la vinculación de fragmentos de texto o gráficos, lo cual nos permite acceder a la información de forma no secuencial.

Pero la definición habla de marcas de hipertexto. ¿Qué son? Pues son las que verdaderamente definen al lenguaje HTML, ya que son etiquetas, más conocidas por su nombre en inglés *tags,* que establecen el orden de aparición del texto en la web.

Es decir, simplificando, marcas de texto que ordenan el texto. Tan sencillo y poderoso a la vez. Una página web está hecha de texto, sus archivos son archivos de texto, y todos se enlazan mediante etiquetas.

En esencia, el lenguaje HTML no es un lenguaje de programación, ya que no admite cálculos. No, no se puede crear una calculadora con HTML. Sin embargo, HTML encaja perfectamente con otros lenguajes, que lo complementan a la perfección, para crear *software* de todo tipo.

HTML aporta la base estructural y visual para que los contenidos y resultados sean accesibles para el usuario a través de un navegador.

2.1. HTML, CSS y *JavaScript*

Solo con HTML ya se pueden crear páginas web. Pero a lo largo de los años, la evolución de los diseños ha ido obligando a los desarrolladores a crear nuevos procedimientos y modelos de trabajo.

Desde su versión más temprana, allá por los años 80, hasta la actual, HTML 5, el lenguaje se ha ido transformando, especializándose en contenido, estructura y soporte para los elementos gráficos y contenido multimedia.

Como ya hemos comentado HTML 5 es un lenguaje potente pero ha sacrificado algunas de sus partes más visuales en favor de su complemento más directo: CSS.

 DEFINICIÓN

CSS
Es el acrónimo de *Cascading Style Sheets* u hojas de estilo en cascada.

CSS está diseñado para mejorar la accesibilidad del documento y dotar de más flexibilidad para crear diseños impactantes y adaptados a los diferentes dispositivos.

CSS se encarga de definir los márgenes, los colores, las fuentes de letra y todo lo relacionado con los estilos. Así podremos tener distintas maneras de ver el mismo contenido. Máxima creatividad y adaptación.

Cuando se habla de estilos en cascada, se refiere a que la especificación CSS describe un esquema prioritario para identificar qué estilos se aplican en cada caso y cuál es el prioritario en caso de discrepancia. Los navegadores leen estas reglas y las aplican sin caer en conflictos.

El código CSS también se escribe en archivos de texto y como tampoco permite hacer cálculos, no podremos llamarlo lenguaje de programación.

A diferencia de los archivos de código HTML que son del tipo: "archivo. html", los archivos de código CSS acaban en .css: "archivo.css".

En este curso veremos algo de código CSS para complementar la presentación visual de nuestras páginas web.

¿Y qué hay de la interacción con el usuario? ¿Cómo se recogen los datos, se envían a una base datos, se guardan en archivos y todas esas cosas que nos dicen que se puede hacer en una página web? Para eso, sí necesitamos un lenguaje de programación. Hay que hacer cálculos.

Hay muchos lenguajes de programación para dar dinamismo e interacción a las páginas web; por ejemplo, PHP y *JavaScript.*

PHP ha sido utilizado ampliamente desde los años 90, sobre todo por su facilidad de trabajar con bases de datos. Sin embargo, la tendencia actual es trabajar con *JavaScript,* debido a que grandes empresas están apostando por él por su facilidad y por la gran cantidad de programadores que lo han adoptado para crear aplicaciones.

Tan grande ha sido el crecimiento que el tándem HTML 5.0, CSS3 y *JavaScript* se está convirtiendo en un básico para cualquier página web.

Los navegadores más habituales están preparados para interpretar todos estos lenguajes. Tan solo hay que especificar bien qué es cada cosa y el navegador hará el resto.

Los archivos tienen la extensión .js o .php, según el lenguaje de programación elegido.

Tres tecnologías al servicio de los desarrolladores web: HTML 5, CSS 3 y JavaScript

Desde otra perspectiva, y recordando lo visto en el anterior tema, no hay que olvidar que cuanto más compleja sea la página web más se tardará en cargar. Si les añadimos PHP o *JavaScript,* estaremos obligando al navegador a interpretar y ejecutar las líneas de código, por lo que todo se volverá más lento.

Lo mismo ocurre con los buscadores. Si por un lado favorecen que los sitios sean dinámicos, por otro penalizan el exceso de órdenes. Es el diseñador el que tiene que encontrar el equilibrio.

HTML 5 es muy versátil y permite añadir CSS y *JavaScript* incrustados dentro de un mismo archivo. Si quisiéramos, toda la página web podría estar escrita en un solo archivo. Sin embargo, esto no es práctico. Cualquier cambio implicaría repasar cientos y a veces miles de líneas de código. Es mucho mejor crear archivos más pequeños que luego estarán enlazados.

Para mantener el orden y la limpieza, es conveniente guardar en carpetas separadas los archivos correspondientes a cada tecnología. Los buscadores agradecen este sistema, pues les resulta más fácil localizar el contenido relevante y dar de lado el código relacionado con el aspecto exterior. Al fin y al cabo, lo que ellos quieren es información y no el tamaño de los márgenes de la segunda pestaña del menú.

2.2. Los editores de texto

HTML, CSS y *JavaScript* se escriben en archivos de texto. Esos archivos tienen un nombre y una extensión, .html, .css o .js. El navegador o el *software* correspondiente los lee, los interpreta y presenta unos resultados al usuario. La siguiente pregunta es saber cómo se escriben esos archivos.

La contestación es bien fácil. Puesto que son archivos de texto, con un editor de texto cualquiera sería suficiente. Bueno, no, no todos valen. Algunos añaden códigos innecesarios en cuanto se les dice que guarden el archivo. Los editores de texto a los que nos referimos son los que guardan texto plano en código ASCII.

 **DEFINICIÓN**

ASCII
Es el acrónimo de *American Standard Code for Information Interchange* o código estándar para el intercambio de información, que no es más que una colección de caracteres internacionalmente reconocidos para que todas las máquinas lean correctamente lo que otras han escrito.

El *Bloc de notas* de *Windows* es uno de ellos, aunque no es el más práctico.

Hay muchos editores de texto plano, pero manejar tantos lenguajes es complicado y tedioso. ¿No sería mejor que el propio editor te ayudara a recordar las instrucciones? ¡Claro que sí! Por eso los programadores utilizan editores de texto con diccionarios de órdenes para diferentes lenguajes. El propio programa le añade las cabeceras y al escribir un par de letras, te sugiere las etiquetas que incluyen esos caracteres.

Hay multitud de ellos y con la llegada de los *smartphones,* han crecido en número los editores *online.*

Estos son algunos de ellos:

Bluefish	Notepad++

Un editor para instalar en el ordenador. https://redirectoronline.com/ifcd010po0301	Un editor ligero para instalar en el ordenador o para llevarlo en un pendrive usb. https://redirectoronline.com/ifcd010po0302
Microsoft Visual Studio	JSbin

Potente editor muy usado últimamente. También en versión *online.* Tiene versión gratuita y de pago. https://redirectoronline.com/ifcd010po0303	Editor *online.* Además es un motor de prácticas para ver cómo van quedando los resultados: https://redirectoronline.com/ifcd010po0304

Continúa en página siguiente >>

<< Viene de página anterior

Otro editor *online* con versión
gratuita. Es muy usado entre la
comunidad de principiantes.
https://redirectoronline.com/ifcd010po0305

En este curso utilizaremos indistintamente *Bluefish, Notepad++* o *CodePen,* así como los navegadores *Mozilla Firefox, Chrome* o *Edge.*

2.3. El lenguaje HTML

Como ya se comentó al principio, este es un lenguaje de marcas, etiquetas o *tags.*

Como regla general, todo texto se escribirá dentro de dos etiquetas, una de apertura y otra de cierre. El navegador interpretará esas etiquetas como una orden y presentará el texto contenido en ellas de un modo determinado.

Las etiquetas son del tipo:

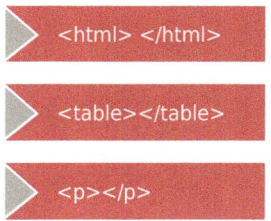

Hay excepciones: son las etiquetas *void,* que no llevan cierre (*área, base, br, col, embed, hr, img, input, link, menuitem, meta, param, source, track, wbr),* pero sencillamente porque marcan operaciones que no incluyen texto. Por ejemplo <br> que señala una nueva línea. Más tarde veremos algún ejemplo más, pero recordemos que la mayoría llevan cierre para delimitar al texto al que afectan.

IMPORTANTE

El orden y la limpieza es primordial, de modo que otro motivo para recordar que hay que cerrar las etiquetas es el de mantener el código listo para ser comprendido por nosotros mismos y por otros compañeros.

Veamos nuestro primer código siguiendo las siguientes instrucciones:

```
<!DOCTYPE HTML>
<html>
    <!-- Este es un código de prueba -->
    <head>
        <title>Mi primer programa</title>
    </head>
    <body>
        <p>¡Hola Mundo!</p>
    </body>
</html>
```

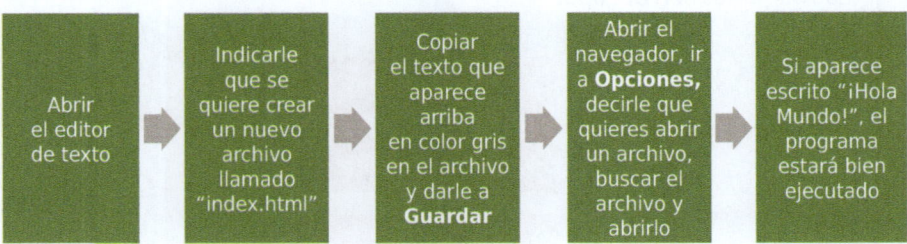

3. Creación de una página web en html

☞ HILO CONDUCTOR

Juan Fernández tendrá que decidir cuáles son los bloques principales para la página web que le han encargado los dueños de Ropas Modernas, S. L. Seguro que tendrá cabecera, cuerpo y pie de página. No tiene claro si añadirá una barra lateral e incluirá varias secciones.

Siguiendo con el ejemplo anterior, se puede comprobar que hay un buen número de elementos escritos. ¿Son todos necesarios? Veamos.

Hay etiquetas que aparecerán en todo archivo HTML y sin ellas no funcionará. Son imprescindibles siempre. Estas son:

Etiquetas HTML

<!DOCTYPE HTML>
- Indica al navegador que este es un archivo escrito en HTML 5. Solo aparece una vez en el archivo.

<html></html>
- Encierran todo el código. Cuando colocamos la etiqueta de cierre </html>, le indicamos al navegador que el archivo finalizó. Solo hay un elemento html por cada archivo.

<head></head>
- Aporta información general (metadatos) acerca del documento, incluyendo su título, el idioma, el conjunto de caracteres a usar y enlaces a *scripts* y hojas de estilos. Es donde se escriben los datos para que el navegador sepa qué archivos de estilo, CSS, y de programación, *JavaScript,* debe buscar. Puede incluir comentarios, el título, el idioma y algunas cosas más. Solo hay un elemento head por cada archivo.

<body></body>
- Representa el contenido de un documento html. Aquí es donde está todo el mensaje para el usuario. Solo puede haber un elemento body por cada archivo.

En este pequeño archivo "index.html" han aparecido otras etiquetas muy utilizadas:

⮕ <!--Esto es un comentario interno visible solo para el programador -->: en efecto, todo lo que esté encerrado entre <!-- y --> será un comentario que solo verá el programador. No lo verá el usuario. Esta es otra etiqueta irregular, que tiene como misión tener el archivo limpio y ordenado. Si somos capaces de explicar en un comentario oculto de qué va el archivo, luego, cuando tengamos decenas o cientos de ellos enlazados, nos será más fácil saber si ese es el que debemos modificar sin tener que leer todo el código escrito.

Se pueden poner comentarios en todo el archivo. El navegador no hará caso de ellos, no suman peso o este es despreciable y sus ventajas son de gran calado.

➲ <title></title>: es el título de la página que se verá en la pestaña del navegador y aparecerá también en los buscadores. Es muy importante que contenga alguna palabra clave, pues los buscadores usan <title> para posicionar. Si de la primera página cuelgan otras páginas, hay que intentar que todos los títulos ayuden a mejorar el posicionamiento orgánico de la página, ese que no es de pago.

➲ <p></p>: son las etiquetas de párrafo, prácticamente las más usadas.

3.1. Bloques de la página

Recordemos que en la unidad 2 se hablaba de estructura, de enlaces y niveles. Esa era la estructura interna del sitio, el cual tenía diferentes páginas enlazadas en varios niveles. Pero cada página web, a su vez, también tiene una estructura que podremos modificar a nuestro gusto.

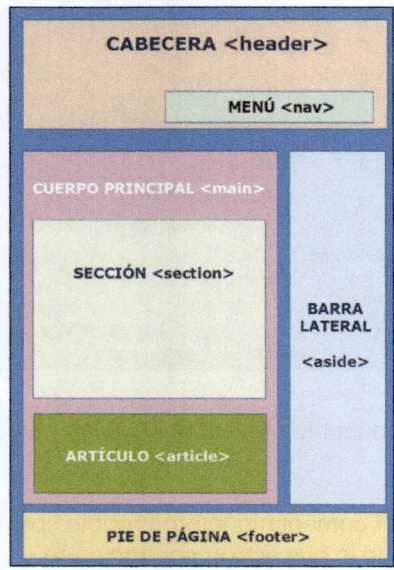

Ejemplo de página web

Como se ve en la imagen, en una página web puede haber varios bloques:

<header></header>
- En la parte superior vemos la cabecera. En ella suele ir alojado el logo de la organización, el nombre de la página, un menú, un buscador...

<nav></nav>
- Incluye los ítems del menú. Puede haber varios menús.

<footer></footer>
- Muy parecido a la cabecera, tenemos el pie, que puede incluir enlaces, otro menú, más fotos y todo lo que nos interese añadirle.

<main></main>
- Un poco más abajo del <header> encontramos el cuerpo principal, que es el contenedor principal de las diferentes secciones de contenidos.

<section></section>
- Definimos las secciones () en HTML 5 a las distintas áreas temáticas dentro de una página. Es una etiqueta semántica, o sea, se refiere al contenido más que a la estructura de la página.

<article></article>
- El elemento <section> pertenece al documento que lo contiene. No es útil para otros archivos. Sin embargo, el elemento artículo, puede ser tratado por varios documentos, por el <header>, por el <footer> o por otras entidades dentro del sitio web.

<aside></aside>
- Marca una columna lateral. Puede haber varias y sus dimensiones se definen con CSS.
- No es recomendable debido al uso masivo de *smartphones*. El problema es que si la pantalla es pequeña, lo mismo aparecen las barras laterales en sitios inadecuados rompiendo el mensaje y la experiencia de usuario.

SABÍAS QUE...

Hace apenas una década, se creaban las páginas con una estructura de tabla y códigos que configuraban su aspecto y dimensiones. Esto les daba mucha rigidez, pero a cambio mantenían el aspecto dignamente en las pantallas grandes para las que se habían diseñado. Cuando llegaron los teléfonos móviles con sus pantallas más pequeñas, esas páginas terminaban mezclando los contenidos, ocultándolos, solapando fotos y haciendo mil cosas raras más.

Con la llegada de HTML 5, todos estos problemas se solucionaron creando entidades modulares que se reordenaban por sí solas en cuanto detectaban una nueva pantalla. De ahí que sea tan importante no mezclar contenidos y tener un relato *(storytelling)* con su hilo conductor y tiempos diseñados de antemano.

Toda esta distribución en bloques facilita a los motores de búsqueda la localización de contenido relevante, mejorando así el SEO de la propia página. Solo que esta vez no restringe la creatividad, únicamente ordena la información para que sea más legible y adaptable a los dispositivos de cualquier tamaño. Ayuda a clarificar el mensaje.

Recopilemos lo visto anteriormente:

> Todo archivo escrito en HTML comienza con <!DOCTYPE HTML>

> Todo el código está escrito entre las etiquetas <html> y </html>

> Entre <head> y </head> va todo el código relacionado con el idioma, los enlaces a archivos de estilo y de programación, el título y otros elementos más que no influyen en el contenido. Una página web puede funcionar sin este apartado.

> Entre las etiquetas <body> y </body> se añade todo el código relacionado con el contenido, en especial la cabecera, el pie de página, el menú, las secciones, los artículos, las barras laterales y cualquier otro elemento que se relacione con el mensaje para el usuario y la forma en que se le presenta. Una página web no puede funcionar sin este apartado.

> El contenido se diseña por bloques para mejorar su presentación en todo tipo de dispositivos.

Veamos un ejemplo:

```
<!DOCTYPE HTML>
<html>
    <!-- Mi primer código -->
    <head>
        <title>Mi primer programa</title>
    </head>
    <body>
        <main>
            <header>
                Cabecera de mi primer programa
            </header>
            <section>
                <p>¡Hola Mundo!</p>
            </section>
            <footer>
                Pie de página de mi primer programa
            </footer>
        </main>
    </body>
</html>
```

Así se verá en *CodePen*:

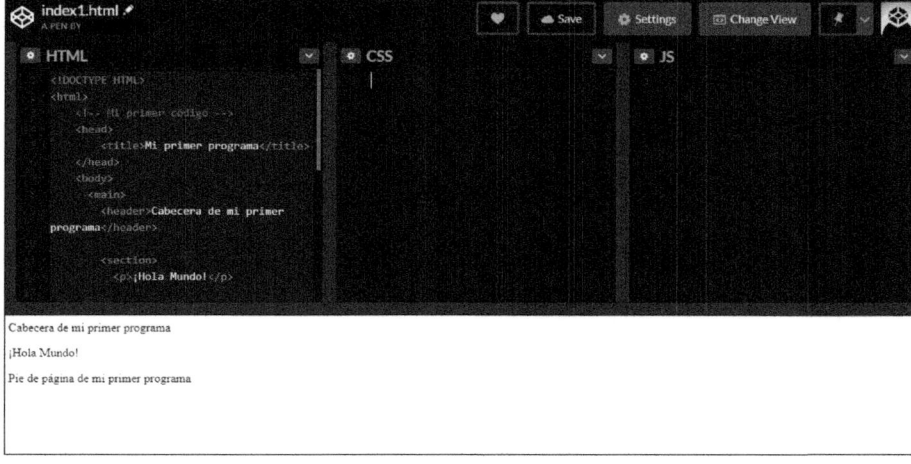

Vista del ejemplo en el editor online CodePen

Si en *Notepad++* hacemos clic en **Menú → Lenguaje** y buscamos **HTML**.

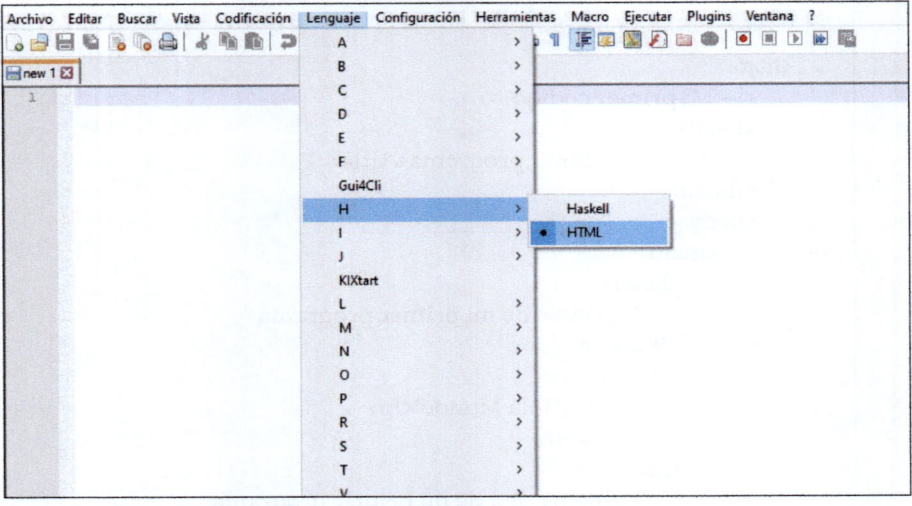

Editor de texto Notepad++. Selección de lenguaje HTML

Entonces el código se vería así:

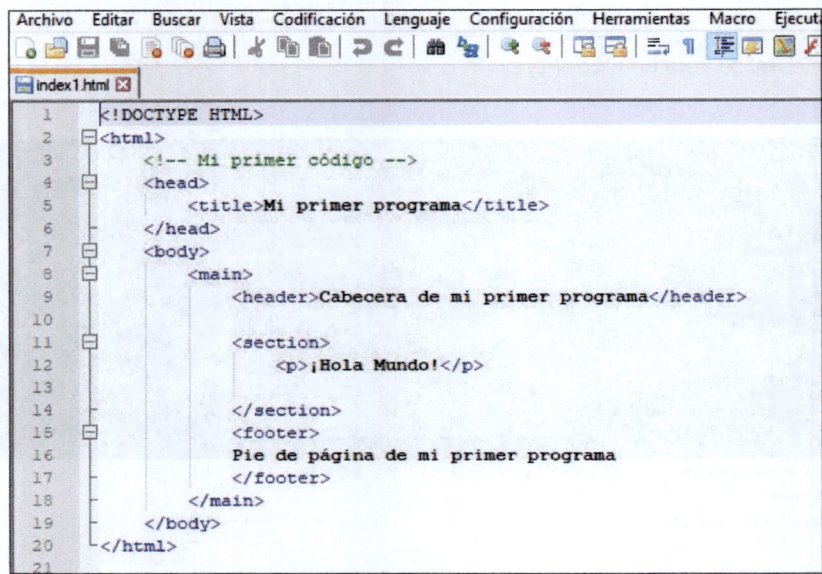

Editor de texto Notepad++. Código resaltado

Lo grabamos en un archivo llamado "index1.html" y lo abrimos en el navegador y se vería así:

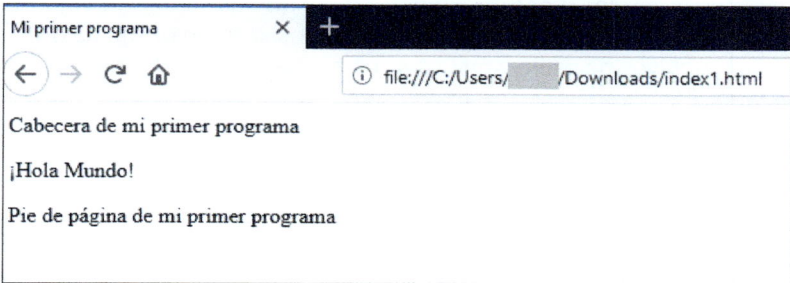

El archivo "index1.html" visto en el navegador. Mira el título que aparece en la pestaña, que es el título enmarcado entre las etiquetas <title> y </title>.

Como se puede ver, hacen falta otros instrumentos, como colores y fondos, para diferenciar los diferentes bloques. Ahí es donde CSS entra con toda su potencia.

4. Cabeceras y títulos

☞ HILO CONDUCTOR

Juan Fernández debe decidir cuáles son las etiquetas principales para la página web de Ropas Modernas, S. L. y qué palabras clave debe incluir en cada título. Eso le obligará a jerarquizarlas por categorías. De este ejercicio también obtendrá una primera idea del menú que tendrá finalmente la página y cuántos elementos tendrá.

En el ejemplo anterior se puede comprobar que no hay diferencia entre los diferentes párrafos. ¿Cómo sabremos cuál es el párrafo más importante? ¿Cómo lo sabrán los motores de búsqueda?

El lenguaje HTML vuelve a ayudarnos y nos propone una manera de jerarquizar los contenidos. Esta priorización es lo que primero intentarán localizar los buscadores. Saben que la cabecera es más importante que el pie de página, y que un título es más relevante que un subtítulo.

Hay que tener cuidado para no confundir <head> y <header> por su parecido en inglés.

Como ya se vio, <head> y </head> son etiquetas imprescindibles para todo archivo html, que indican al navegador cosas como el idioma o los enlaces con archivos de estilo, entre otras cosas. Se refiere a la infraestructura de la web.

<header> y </header> se relacionan con el contenido, precisamente con la cabecera de la página web en la que aparecen los títulos, los logos o el menú. Van entre las etiquetas <body> y </body>.

Tampoco hay que confundir las etiquetas <title> y </title> con el título del sitio web. Las primeras se colocan entre las etiquetas <head> y </head> y hacen que el título de la página web se vea escrito en la pestaña del navegador. Pero si lo que queremos es que el título aparezca en la cabecera del sitio web, tendremos que incluirlo entre las etiquetas <body> y </body>.

Si volvemos a ver el archivo "index1.html", comprobaremos que no hay diferencias entre la cabecera y el texto. Los tres párrafos parecen igual de importantes o de la misma poca importancia.

¿Cómo propone HTML su diferenciación? Primero, con las etiquetas. Para un buscador, una etiqueta <header> es más importante que la etiqueta <p> de párrafo. Y segundo, con los encabezados o títulos.

Sí, HTML propone seis niveles de encabezados o títulos con los que los motores de búsqueda crearán su mapa de importancia.

En HTML, un encabezado es exactamente lo que parece: un título o un subtítulo real. Cuando pones un texto en una etiqueta <h1>, el texto estará en negrilla, y la dimensión de la letra será igual al número del encabezado. Los títulos pueden tener dimensiones entre <1> y <6>, siendo <1> el más relevante y <6> el menos importante.

Escribamos un nuevo ejemplo que guardaremos en el archivo "index2.html":

```
<!DOCTYPE HTML>
<html>
    <!-- Ejemplo de títulos -->
```

```
<head>
    <title>Ejemplo de títulos</title>
</head>

<body>
    <h1>Así se ve un título h1</h1>
    <h2>Así se ve un título h2</h2>
    <h3>Así se ve un título h3</h3>
    <h4>Así se ve un título h4</h4>
    <h5>Así se ve un título h5</h5>
    <h6>Así se ve un título h6</h6>
    <p>Así se ve un párrafo que incluye mucho texto.
Es importante notar la diferencia para saber con este
ejemplo cómo presentan los navegadores los distintos
encabezados y el texto normal.</p>
    </body>
</html>
```

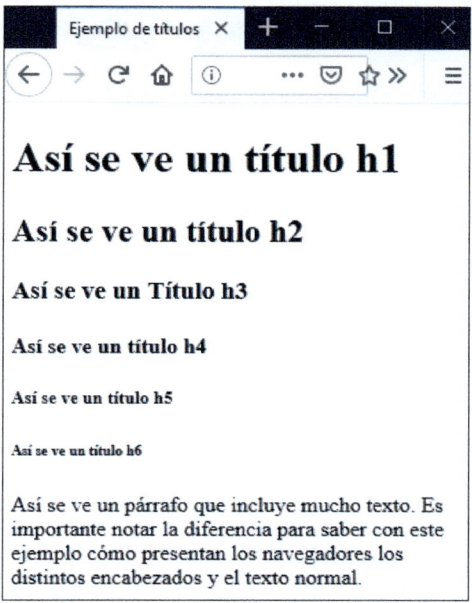

Así es como se vería el programa "index2.html" en el navegador

Como se puede ver, hay diferentes tamaños de encabezados y además su texto está escrito en negrita. El párrafo, en cambio, no está escrito en negrita aunque luego veremos cómo cambiarlo.

Todo esto se puede modificar después, ya sea con código HTML o con CSS, mucho más creativo.

4.1. SEO y encabezados

Puesto que debemos indicarles a los navegadores cuál es nuestra estructura, esta se señala con los encabezamientos: <h1> se utilizará para el primer nivel, <h2> se utilizará para el segundo nivel y así sucesivamente.

No debemos caer en la tentación de utilizar los encabezados para otra cosa que no sea indicar los niveles de la estructura. Si utilizáramos la etiqueta <h2> dentro de un párrafo, estaríamos indicando al buscador que allí hay contenido importante.

En la cabecera debemos añadir un título con una etiqueta <h1>, con texto en el que se incluyan las palabras clave más relevantes.

Los nombres del menú deben hacer mención y enlazar a títulos que llevarán etiquetas <h2>; también incluirán palabras clave de segundo nivel.

 ACTIVIDAD COMPLEMENTARIA

4. Elige una página web al azar y comprueba que hay diferentes tamaños de títulos.

4.2. Atributos de estilo

Como hemos visto, aunque variemos el tamaño de los títulos, aún sigue siendo poco atractivo que todos los títulos tengan el mismo color.

HTML ofrece una variedad de estilos que se pueden añadir para variar el texto contenido entre las etiquetas.

Lo normal es que se modifiquen todos estos estilos mediante archivos CSS, pero como no vamos a profundizar en ello, por ahora, lo trataremos desde el lenguaje HTML.

Hay muchas etiquetas que no admiten atributos de estilo. Lo general es que los tengan las que contengan texto; <header>, por ejemplo, no admite estos atributos.

Los atributos de estilo son:

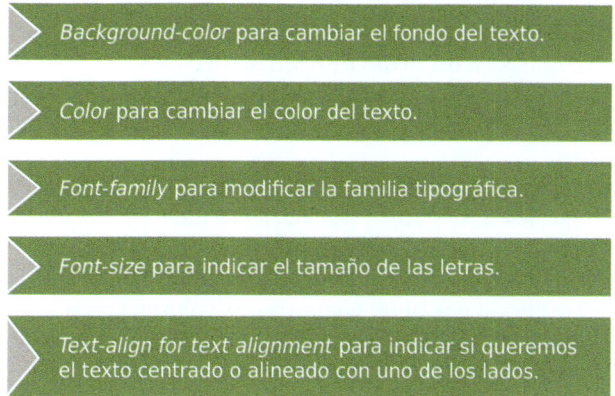

Background-color para cambiar el fondo del texto.

Color para cambiar el color del texto.

Font-family para modificar la familia tipográfica.

Font-size para indicar el tamaño de las letras.

Text-align for text alignment para indicar si queremos el texto centrado o alineado con uno de los lados.

Sabiendo un poco de inglés, su uso es muy fácil:

<h1 style="color:blue; font-size=60px;">Título h1</h1>

Con este ejemplo hemos convertido el texto en azul y su tamaño lo hemos dejado en 60 píxeles.

Reglas para usar los atributos:

1. No todas las etiquetas admiten estos atributos.
2. Los atributos se añaden a la etiqueta de apertura.
3. Se comienza con la palabra *style* seguida de un símbolo = y unas comillas.
4. Se añade el nombre del atributo junto a dos puntos y el valor del atributo.
5. Se añaden los atributos separados por punto y coma entre ellos.
6. Se cierra con otras comillas.

Veamos un ejemplo y guardémoslo en el archivo "index3.html":

```
<!DOCTYPE HTML>
<html>
    <!-- Ejemplo de estilos html -->

    <head>
        <title>Ej. de estilos html</title>
    </head>

    <body>
        <h1>Así se ve un título h1 normal</h1>
        <h1 style="color:blue;">Título h1 azul</h1>
        <h1 style="background-color:orange;">Título h1 con fondo
naranja</h1>
        <h1 style="font-size:60px;">Título h1 de 60 píxeles</h1>
        <h1 style="font-family:courier;">Título h1 con fuente de letra
courier</h1>
        <h1 style="text-align:right;">Título h1 alineado a la derecha</h1>
        <h1 style="color:blue; background-color:orange; font-size:60px;
font-family:courier; text-align:right;">Título h1 con todos los estilos
anteriores</h1>
    </body>
</html>
```

Una vez abierto en el navegador, el archivo "index3.html", se vería así:

Ejemplo de estilos de títulos <h1>

ACTIVIDAD COMPLEMENTARIA

5. Busca la gama de colores básica más común en HTML, comprueba cómo se llaman los colores y su equivalencia en código hexadecimal.

---

5. Inserción de textos

 HILO CONDUCTOR

Juan Fernández ya sabe cuáles son los títulos principales que va a añadir a la página web y ahora quiere desarrollar cada categoría. Para eso, debe añadir texto. Seguramente tendrá que preguntar al cliente y pedirle que le hable un poco más de la empresa y sus productos.

Seguro que poco a poco la imaginación está echando a volar. Las posibilidades del lenguaje HTML están creciendo.

Ya tenemos un archivo, una cabecera con título, títulos y algunas formas de darles formato.

Ahora hay que agregarle texto poniendo especial énfasis en:

Ser breve y no aburrir con excesivas palabras. Menos es más.	Añadir palabras clave, una en cada párrafo, no más.	Usar un lenguaje que pueda entender la audiencia.	No repetir mensajes.

Añadir texto suele ser una tarea fácil. Cuando se conocen los textos que se deben introducir, lo normal es hacer un "corta pega" o teclearlos en el propio archivo de la página web.

Cada párrafo de texto se añade entre etiquetas <p> y </p>.

A la etiqueta <p> se le pueden añadir los mismos atributos de estilo que a los títulos. Pero aún podremos mejorar la experiencia de usuario con el complemento de otras etiquetas.

Veamos algunas:

<strong> </strong> para indicar que el texto es importante.
<em> </em> para enfatizar el texto.

 para hacer un salto de línea. ¡Ojo! No tiene etiqueta de cierre.
<b> para ponerlo en negrita.
<i> para ponerlo en itálica.
<mark> para marcar el texto.
<small> para reducir el tamaño de letra.
<sub> para hacer un subíndice.
<sup> para hacer un superíndice.
<del> para marcar el texto como borrado.
<ins> para marcar el texto como insertado.

Veámoslos en acción mediante el archivo "index4.html". Cópialo en el editor y guárdalo:

```
<!DOCTYPE HTML>
<html>
    <!-- Ejemplo de párrafos-->
    <head>
        <title>Ej. de párrafos</title>
    </head>
    <body>
        <p>Así se ve un párrafo normal para poder compararlo
después con los demás</p>
        <p style="color:blue; font-size:24px;">Así se ve un párrafo
con azul y con letra más grande</p>
        <p>Así se ve un párrafo con un salto de línea.<br>Es
adecuado en muchos casos</p>
        <p>Así se ve un párrafo un <strong>texto al que se ha
remarcado </strong>como importante</p>
```

Continúa en página siguiente >>

[108]

<< Viene de página anterior

```
        <p>Así se ve un párrafo con un <em>texto enfatizado</em>
</p>
        <p>Así se ve un párrafo con un <mark>texto marcado
</mark></p>
        <p>Así se ve un párrafo con un <small>texto con letra
reducida</small></p>
        <p>Así se ve un párrafo con un texto con <sub>subíndices>
</sub></p>
        <p>Así se ve un párrafo con un texto con
<sup>superíndices></sup></p>
        <p>Así se ve un párrafo con un texto <del>borrado</del></p>
        <p>Así se ve un párrafo con un texto <ins>insertado<ins></p>
        <p>Así se ve un párrafo con un texto <del>borrado</del></p>
        <p>Así se ve un párrafo con un texto <ins>insertado<ins></p>
    </body>
</html>
```

En el navegador se vería así:

Así se ve un párrafo normal para poder compararlo después con los demás

Así se ve un párrafo con azul y con letra más grande

Así se ve un párrafo con un salto de línea.
Es adecuado en muchos casos

Así se ve un párrafo un **texto al que se ha remarcado** como importante

Así se ve un párrafo con un *texto enfatizado*

Así se ve un párrafo con un texto marcado

Así se ve un párrafo con un texto con letra reducida

Así se ve un párrafo con un texto con subíndices>

Así se ve un párrafo con un texto con superíndices>

Así se ve un párrafo con un texto ~~borrado~~

Así se ve un párrafo con un texto insertado

Ejemplo de diferentes formas de formatear el texto

TAREA 3

A Carlos le piden una página web en la que debe incluir un poema siguiendo las siguientes instrucciones:

Una página web básica en la que se incluya un título de color negro, un párrafo con tres palabras remarcadas, un segundo párrafo con el texto en color rojo y un tercero con la letra más grande.

¿Cómo debe Carlos crearla?

---

6. Separación de bloques de texto

 **HILO CONDUCTOR**

A Juan Fernández le han pasado los textos que ha de introducir en la página web. Hay una parte que habla de la empresa con algunas frases dichas por el fundador que quieren que aparezcan remarcadas. Algunos de los productos vienen descritos con unos párrafos enormes a los que tendrá que dar forma, resaltando las características más importantes con estilos o letras diferentes.

¡Cuidado! Bloques de texto. No los confundamos con los bloques de la página web. En algún caso coincidirán, pero tienen diferente sentido.

Los bloques de las páginas, esas secciones a las que nos referíamos hace ya unos párrafos, eran la cabecera, el pie de página, la barra lateral, etc.

En este apartado nos vamos a dedicar a los bloques de texto, que normalmente están todos incluidos en un bloque de página. Vamos a ello.

Ya hemos visto anteriormente que para añadir un salto de línea dentro de un mismo párrafo había que añadir la etiqueta <br>. Esta es la primera forma de separar un párrafo.

`<p></p>`

Otra forma es haciendo más pequeños los párrafos.

En lugar de escribir:

```
<p>En un lugar de la Mancha, de cuyo nombre no quiero
acordarme, no ha mucho tiempo que vivía un hidalgo de los de
lanza en astillero, adarga antigua, rocín flaco y galgo corredor.
<br>
Una olla de algo más vaca que carnero, salpicón las más
noches, duelos y quebrantos los sábados, lentejas los viernes,
algún palomino de añadidura los domingos, consumían las
tres partes de su hacienda. </p>
```

Quizá sería conveniente reducir los párrafos así:

```
<p>En un lugar de la Mancha, de cuyo nombre no quiero
acordarme, no ha mucho tiempo que vivía un hidalgo de
los de lanza en astillero, adarga antigua, rocín flaco y galgo
corredor.</p>
<p>Una olla de algo más vaca que carnero, salpicón las más
noches, duelos y quebrantos los sábados, lentejas los viernes,
algún palomino de añadidura los domingos, consumían las
tres partes de su hacienda.</p>
```

El resultado es muy parecido, pero a lo mejor nos interesa luego añadir algunos formatos diferentes al segundo párrafo sin que afecte al primero.

`<hr>`

Siguiendo con el ejemplo anterior, además, podríamos separar ambos párrafos con una línea. Para ello, añadimos la etiqueta <hr> entre ambos párrafos. Ojo con ella que no tiene etiqueta de cierre.

Esta etiqueta estuvo en desuso, pero vuelve a aparecer en algunas páginas, pues visualmente es muy útil para separar conceptos y no pesa tanto como una imagen.

Se le pueden añadir colores desde HTML y tamaño y ancho con CSS.

Comprobemos todo lo explicado con este ejemplo —como siempre, usar y pegar, crear el archivo "index5.html", guardar y ver en el navegador—:

```
<!DOCTYPE HTML>
<html>
    <!-- Ejemplo de bloques de párrafos-->

    <head>
        <title>Ej. de bloques de párrafos</title>
    </head>

    <body>
        <h1>Este sería el primer ejemplo con la etiqueta "<br>"</h1>
        <p>En un lugar de la Mancha, de cuyo nombre no quiero
acordarme, no ha mucho tiempo que vivía un hidalgo de los de
lanza en astillero, adarga antigua, rocín flaco y galgo corredor. <br>
Una olla de algo más vaca que carnero, salpicón las más noches,
duelos y quebrantos los sábados, lentejas los viernes, algún
palomino de añadidura los domingos, consumían las tres partes
de su hacienda. </p>

        <h1>Este sería el ejemplo con dos párrafos diferentes</h1>

        <p>En un lugar de la Mancha, de cuyo nombre no quiero
acordarme, no ha mucho tiempo que vivía un hidalgo de los de
lanza en astillero, adarga antigua, rocín flaco y galgo corredor.</p>
        <hr>

        <p style="color:blue;">Una olla de algo más vaca que
carnero, salpicón las más noches, duelos y quebrantos los
sábados, lentejas los viernes, algún palomino de añadidura los
domingos, consumían las tres partes de su hacienda.</p>

    </body>
</html>
```

En el navegador se vería así:

Este sería el primer ejemplo con la etiqueta "< br >"

En un lugar de la Mancha, de cuyo nombre no quiero acordarme, no ha mucho tiempo que vivía un hidalgo de los de lanza en astillero, adarga antigua, rocín flaco y galgo corredor.
Una olla de algo más vaca que carnero, salpicón las más noches, duelos y quebrantos los sábados, lentejas los viernes, algún palomino de añadidura los domingos, consumían las tres partes de su hacienda.

Este sería el ejemplo con dos párrafos diferentes

En un lugar de la Mancha, de cuyo nombre no quiero acordarme, no ha mucho tiempo que vivía un hidalgo de los de lanza en astillero, adarga antigua, rocín flaco y galgo corredor.

Una olla de algo más vaca que carnero, salpicón la más noches, duelos y quebrantos los sábados, lentejas los viernes, algún palomino de añadidura los domingos, consumían las tres partes de su hacienda.

Diferentes formas de separar textos en el ejemplo "index5.html". En el primer caso se separan con la etiqueta <br>. En el segundo caso se han creado dos párrafos y al segundo se le ha cambiado el color de la letra a azul. Ambos se separan con una línea creada con la etiqueta <hr>.

\<pre>\</pre>

La etiqueta <p></p> es una etiqueta básica, casi rústica. No respeta formatos, nada más que el texto. Si se quiere hacer un pequeño diseño a modo de tabla, con palabras separadas por varios espacios, <p></p> no es la etiqueta adecuada. Para eso está <pre></pre>.

Esta etiqueta se usa realmente poco, solo para párrafos pequeños. Además, añade un tipo de letra que no suele ser el que elegimos para hacer la página web *(Courier)*. Hay otras estructuras, las <table></table>, mucho más potentes para lograr y asegurar el diseño que queremos.

Pero mejor se entiende con un ejemplo, el "index6.html".

```
<!DOCTYPE HTML>
<html>
    <!-- Ejemplo de etiqueta "< pre >"-->
    <head>
        <title>Ejemplo "< pre >"</title>
    </head>
```

Continúa en página siguiente >>

[113]

<< Viene de página anterior

```
<body>
    <h1>Así se vería SIN etiqueta "<pre>"</h1>

    <p>Bocadillo         Calamares         Mahonesa
    Hamburguesa       Carne             Kétchup
    Sándwich          Jamón             Queso</p>
    <hr>
    <h1>Así se vería CON etiqueta "< pre >"</h1>

    <pre> Bocadillo      Calamares         Mahonesa
    Hamburguesa       Carne             Kétchup
    Sándwich          Jamón             Queso</pre>

    </body>
</html>
```

Así se vería SIN etiqueta "< pre >"

Bocadillo Calamares Mahonesa Hamburguesa Carne Kétchup Sándwich Jamón Queso

Así se vería CON etiqueta "< pre >"

```
Bocadillo         Calamares         Mahonesa
Hamburguesa       Carne             Kétchup
Sándwich          Jamón             Queso
```

Ejemplo "index6.html" en el que se ve la diferencia en el uso de la etiqueta <pre>

 **APLICACIÓN PRÁCTICA**

Supongamos que nos entregan un texto general de una empresa en el que se habla de la historia de la empresa, sus tres productos más importantes, los servicios asociados a dichos productos, algunos comentarios positivos que han hecho los clientes y los datos de contacto y

Continúa en página siguiente >>

<< Viene de página anterior

localización de la empresa. ¿Qué distribución sería la adecuada?, ¿todo en una página separando el texto en bloques? ¿Sería mejor hacerlo en páginas diferentes? ¿Qué estructura sería la adecuada?

Solución

Si por razones de diseño se desea una única página, sería conveniente resumir todo lo posible el texto y el peso de las imágenes, así como distribuir el texto en secciones temáticas. Estas secciones deben aparecer según la importancia que le dé el usuario. Es decir, primero los productos, después los servicios, más tarde los datos de contacto y, por último, si de verdad fuera imprescindible, la historia de la empresa.

Sin embargo, lo ideal es crear una estructura de silo, con archivos distintos para cada tema, y enlazados mediante hipervínculos, tal y como se vio en el tema pasado.

<blockquote></blockquote>

<blockquote> sirve para identificar una cita de varias líneas e incluso párrafos y otras etiquetas. Los navegadores le añaden espacios a ambos lados para señalar aún más su diferenciación del resto de los párrafos.

Los atributos globales, como color, tamaño de letras, etc. se pueden cambiar con HTML. El tamaño de los márgenes y separaciones se modifican con CSS.

¿Qué tal si vemos cómo funciona con el ejemplo "index7.html"?

```
<!DOCTYPE HTML>
<html>
    <!-- Ejemplo de bloque de cita textual-->

    <head>
        <title>Ej. de bloque de cita textual</title>
```

Continúa en página siguiente >>

<< Viene de página anterior

```
    </head>

    <body>
        <h1>Así se vería normal</h1>

        <p>En un lugar de la Mancha, de cuyo nombre no quiero
acordarme, no ha mucho tiempo que vivía un hidalgo de los de
lanza en astillero, adarga antigua, rocín flaco y galgo corredor.
Una olla de algo más vaca que carnero, salpicón las más noches,
duelos y quebrantos los sábados, lentejas los viernes, algún
palomino de añadidura los domingos, consumían las tres partes
de su hacienda. </p>

        <h1>Así se vería con "<blockquote>"</h1>

        <blockquote>En un lugar de la Mancha, de cuyo nombre
no quiero acordarme, no ha mucho tiempo que vivía un hidalgo
de los de lanza en astillero, adarga antigua, rocín flaco y galgo
corredor. Una olla de algo más vaca que carnero, salpicón las más
noches, duelos y quebrantos los sábados, lentejas los viernes,
algún palomino de añadidura los domingos, consumían las tres
partes de su hacienda. </blockquote>

    </body>
</html>
```

Así se vería normal

En un lugar de la Mancha, de cuyo nombre no quiero acordarme, no ha mucho tiempo que vivía un hidalgo de los de lanza en astillero, adarga antigua, rocín flaco y galgo corredor. Una olla de algo más vaca que carnero, salpicón las más noches, duelos y quebrantos los sábados, lentejas los viernes, algún palomino de añadidura los domingos, consumían las tres partes de su hacienda.

Así se vería con "< blockquote >"

En un lugar de la Mancha, de cuyo nombre no quiero acordarme, no ha mucho tiempo que vivía un hidalgo de los de lanza en astillero, adarga antigua, rocín flaco y galgo corredor. Una olla de algo más vaca que carnero, salpicón las más noche , duelos y quebrantos los sábados, lentejas los viernes, algún palomino de añadidura los domingos, consumían las tres partes de su hacienda.

Ejemplo "index7.html" donde se comprueba el efecto de la etiqueta <blockquote>

`<q></q>`

Con esta etiqueta se puede introducir una cita dentro de una frase, es decir, es una etiqueta que puede usarse incrustada dentro de <p> y </p>.

ACTIVIDAD COMPLEMENTARIA

6. Haz una página web con dos párrafos separados por una línea. El segundo de los párrafos ha de contener una frase remarcada en negrita.

7. Inserción de gráficos

Rara es la página web que no tiene alguna fotografía. Es la forma más expresiva de transmitir un mensaje. A veces, será la imagen la protagonista y en otras ocasiones servirá de apoyo o simplemente estará para añadir contexto.

Para incrustar una imagen en la página web, previamente debe estar alojada en algún lugar. En el tema anterior se recomendó añadir todas las imágenes a una carpeta que en este curso llamamos "media", pero que pudiera tener el nombre que se estime oportuno.

Otras veces, la imagen está alojada en un servidor ajeno a la página web. Por ejemplo, podría estar alojada en un banco de imágenes y podría enlazarse a ella sin tener que descargarla.

Como decimos, lo normal y aconsejable es la primera opción. En ese caso, la forma de llamar a una imagen es la siguiente:

```
<img scr="https://dominio.com/media/imagen.jpg">
```

Estudiemos esta etiqueta:

- ⊃ No tiene etiqueta de cierre.
- ⊃ Se escribe así: <img + atributos>.

Aunque no aparezcan, tiene atributos. Estos son los más importantes:

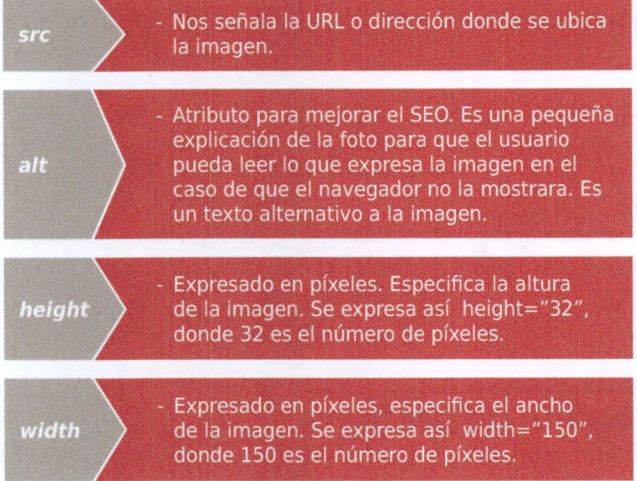

src - Nos señala la URL o dirección donde se ubica la imagen.

alt - Atributo para mejorar el SEO. Es una pequeña explicación de la foto para que el usuario pueda leer lo que expresa la imagen en el caso de que el navegador no la mostrara. Es un texto alternativo a la imagen.

height - Expresado en píxeles. Especifica la altura de la imagen. Se expresa así height="32", donde 32 es el número de píxeles.

width - Expresado en píxeles, especifica el ancho de la imagen. Se expresa así width="150", donde 150 es el número de píxeles.

Con nuestra distribución de archivos el camino para llegar a la imagen sería así:

- <img src="imagen.jpg"> cuando la imagen está localizada en la misma carpeta que el archivo de la página web.
- <img src="media/imagen.jpg"> cuando la imagen está localizada en la subcarpeta "media" que cuelga de la carpeta actual.
- <img src="/media/imagen.jpg"> cuando la imagen está localizada en la carpeta "media" que cuelga del directorio raíz de la página web. Esta sería la opción cuando la imagen está alojada en nuestro servidor.
- <img src="../picture.jpg"> cuando la imagen está localizada en la carpeta que está en un nivel superior al que se encuentre el archivo. Mejor usar la opción anterior.

Veamos el ejemplo "index8.html" en el que vamos a incrustar una imagen externa:

```
<!DOCTYPE HTML>
<html>
    <!-- Ejemplo de imagen-->

    <head>
        <title>Ejemplo imagen</title>
    </head>

    <body>
        <h1> Foto en tamaño original</h1>

        <img src="https://cdn.pixabay.com/photo/2017/12/27/18/07/
book-3043275_960_720.jpg">

    </body>
</html>
```

 TAREA 4

Tras programar siempre toca comprobar. Hay que probar constantemente que el código que hemos escrito hace lo que se supone que debe hacer.

Imagina que hemos introducido el código anterior. Lo añadimos al archivo "index8.html".

Abre el archivo "index8.html" desde el navegador y comprueba que la imagen aparece.

- -

<picture></picture>

El problema de incrustar imágenes suele venir del uso de los *smartphones*. Las páginas web deben adaptarse a los distintos tamaños de pantallas.

<picture> es como una especie de envoltorio en el que se dan distintas posibilidades de ancho de pantalla.

Para ello, se deben tener dos o tres imágenes con diferentes tamaños de ancho para que el navegador elija el adecuado.

La función se vería así:

```
<!DOCTYPE HTML>
<html>
    <!-- Ejemplo de imagen-->

    <head>
        <title>Ejemplo imagen</title>
    </head>

    <body>
        <picture>

            <source media="(min-width: 650px)" srcset="foto_de_perro_650.jpg">
            <source media="(min-width: 465px)" srcset="foto_de_perro_465">
            <img src="foto_de_perro" alt="perros" style="width:auto;">

        </picture>

    </body>
</html>
```

8. Creación de hipervínculos a otras páginas

☞ HILO CONDUCTOR

A Juan Fernández se le ha complicado su trabajo. En un principio pensó que una página web para Ropas Modernas S. L. sería más fácil de hacer, que con un archivo sería suficiente. Sin embargo, ha comprobado que si bien ha reducido el tamaño de las imágenes, todas juntas hacen muy pesada la página. Así que

Continúa en página siguiente >>

<< Viene de página anterior

ha decidido volver a pensar la estructura del sitio web y distribuir el contenido en las áreas temáticas donde la empresa es más fuerte: ropa de temporada y complementos.

Los hipervínculos son la base de internet, páginas que nos llevan a otras. ¿Qué es sino un buscador? Pues una base de datos inmensa con enlaces a las páginas que están ordenadas en ella. Y en eso consiste una página web, un archivo inicial con información que usa hipervínculos para llevarnos a otros archivos con información.

8.1. Enlaces a otras páginas

La etiqueta a usar es <a href></a> donde href sirve para indicar la URL de la otra página.

Un ejemplo básico sería <a href="https://www.google.es">Visita Google</a>.

Veamos el ejemplo "index9.html" para verlo en acción:

```
<!DOCTYPE HTML>
<html>
    <!-- Ejemplo de enlace a otra página-->

    <head>
        <title>Ej. enlace a otra página</title>
    </head>

    <body>
        <h1>Estos son algunos enlaces interesantes</h1>

        <p>Buscadores: <a href="https://www.google.es">Google</a><a href:"https//duckduckgo.com">Duckduckgo</a>

    </body>
</html>
```

[121]

Estos son algunos enlaces interesantes

Buscadores: Google Duckduckgo

Ejemplo "index9.html" con dos enlaces a dos buscadores

TAREA 5

Muchas de las páginas web contienen listados de enlaces a modo de biblioteca o colección de páginas interesantes.

¿Cómo harías para crear una página web con el listado de los periódicos que lees diaria o semanalmente para tenerlos todos agrupados para no olvidar ninguno?

Crea una página web que contenga enlaces a diferentes periódicos nacionales e internacionales.

- -

9. Creación de tablas

 HILO CONDUCTOR

Juan Fernández anda buscando la forma de crear un menú que aparezca siempre de la misma forma que ha pensado en su diseño. Cree que la mejor forma es crear una tabla de una sola línea en la que aparezcan los elementos del menú y que estos enlacen a las siguientes páginas.

- -

Antes de seguir adelante es mejor señalar que aunque las tablas son muy útiles, cuando cambiamos de dispositivo puede que se vean de forma distinta a como las habíamos pensado. Se recomienda revisar siempre las tablas en varias pantallas.

Comprobar en varios dispositivos diferentes es algo que debería hacerse siempre con todas las páginas web que diseñemos, pero en especial con las que contengan tablas.

Las tablas son una forma de presentar los datos en dos dimensiones de forma visualmente ordenada. Los humanos agradecemos este orden, porque de algún modo nos orienta entre arriba y abajo y entre izquierda y derecha.

Tenemos que diferenciar entre listas y tablas, pues alguien podría decir que una lista es una tabla de una única columna.

9.1. Listas

Hay dos tipos de listas: desordenadas <ul> </ul> y ordenadas <ol></ol>.

Cada elemento de la lista se encierra entre las etiquetas <li></li>.

```
<ul>
    <li>Naranjas</li>
    <li>Manzanas</li>
    <li>Limones</li>
</ul>
```

Cada elemento de las listas desordenadas irá precedido de puntos y las listas ordenadas de números. Todo esto se puede cambiar con CSS.

Puede haber listas dentro de listas.

Veámoslo en el ejemplo "index10.html".

```
<!DOCTYPE html>
<html>
    <!-- Una lista-->

    <head>
        <title>Ej. de listas</title>
    </head>
```

Continúa en página siguiente >>

<< Viene de página anterior

```
    <body>
        <h1>Frutería</h1>

    <ul>
        <li>Verduras</li>
        <li>Frutas
            <ul>
                <li>Naranjas</li>
                <li>Manzanas
                    <ul>
                        <li>Golden</li>
                        <li>Reineta</li>
                    </ul>
                </li>
            </ul>
        </li>
        <li>Productos envasados</li>
    </ul>

    </body>
</html>
```

Frutería

- Verduras
- Frutas
  - Naranjas
  - Manzanas
    - Golden
    - Reineta
- Productos envasados

Ejemplo de listas desordenadas

ACTIVIDAD COMPLEMENTARIA

7. Crea una lista ordenada de animales con 10 elementos. Busca información para cambiar el número del orden de la lista mediante el atributo *value*.

9.2. Tablas

Las tablas son algo parecido a las listas solo que un poco más engorroso, pues hay que definir las líneas y las columnas:

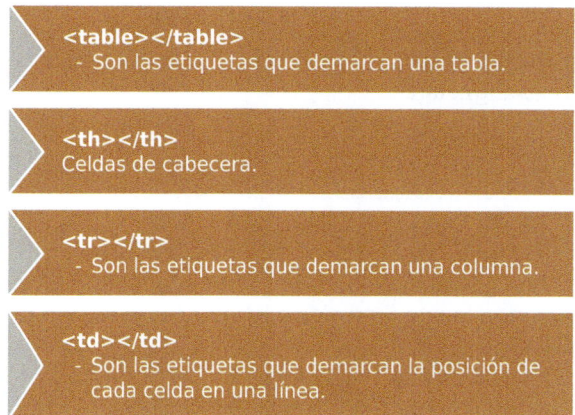

Unas etiquetas van anidadas dentro de otras.

Desde HTML, aparte de los atributos de color y formatos de letra conocidos, también se admiten otros atributos:

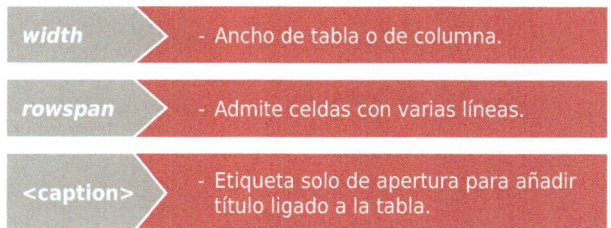

Con CSS se pueden ampliar las posibilidades de diseño de la tabla añadiendo los estilos dentro de <head></head> de esta forma:

```
<style>
table, th, td {
    border: 1px solid black;
    border-collapse: collapse;
}
th, td {
    padding: 5px;
    text-align: left;
}
</style>
```

Con este código hemos añadido borde a la tabla de 1 píxel de ancho, hemos separado el texto 5 píxeles a los bordes y el texto queda alineado a la izquierda.

Veamos un ejemplo de tabla con el archivo "index11.html" al que le vamos a añadir el código CSS de arriba para que quede visualmente más atractivo:

```
<!DOCTYPE html>
<html>
    <head>
    <!-- Una lista-->

    </head>
        <title>Una tabla</title>

        <style>
            table, th, td {
                border: 1px solid black;
                border-collapse: collapse;
            }
            th, td {
                padding: 5px;
                text-align: left;
            }
        </style>
    </head>
```

Continúa en página siguiente >>

<< Viene de página anterior

```
<body>

    <h2>Tabla</h2>

    <table style="width:100%">
        <caption>Datos de alumno y edad</caption>
        <tr>
            <th>Nombre</th>
            <th>Apellidos</th>
            <th>Edad</th>
        </tr>
        <tr>
            <td>Manuel</td>
            <td>García</td>
            <td>39 años</td>
        </tr>
        <tr>
            <td>Carlota</td>
            <td>Pérez</td>
            <td>35 años</td>
        </tr>
    </table>

</body>
</html>
```

Tabla

Datos de alumno y edad

Nombre	Apellidos	Edad
Manuel	García	39 años
Carlota	Pérez	35 años

Ejemplo "index11.html" con una tabla con los diferentes tipos de etiquetas y un código CSS para modificar borde

ACTIVIDAD COMPLEMENTARIA

8. Indaga en los atributos de las tablas en CSS para variar el color del borde y el fondo de cada celda.

----

10. Inserción de distintos *frames* en una página

Antiguamente se programaban las páginas web de forma que en una de ellas se creaban una especie de marcos, los *frame,* en los que se incrustaban otras páginas web, componiendo a modo de puzle el resultado final. De esta forma se creaban las barras laterales, las cabeceras o los pies de página.

La etiqueta actual para ello es <iframe> aunque ya solo se usa para integrar otros servicios como *YouTube,* lo que veremos en la siguiente unidad.

HTML 5 hizo desaparecer el uso de estos *frame* y creó las etiquetas <header>, <footer>, <main>, <section> y demás elementos que vimos en el apartado 2 de este tema.

Veamos un ejemplo del nuevo sistema:

```
<!DOCTYPE HTML>
<html>
<head>
    <title>Ejemplo de secciones</title>
</head>

<body>
    <header>
        <p>Bienvenido al ejemplo de Secciones</p>
        <nav>

<a href="/">Inicio.html</a>
<a href="/productos.html">Productos</a>
```

Continúa en página siguiente >>

<< Viene de página anterior

```
<a href="/contacto.html">Contacto</a>
</nav>
   </header>
<hr>
      <main>
         <h1>Nuestros productos</h1>
         <p>Nuestros productos bla bla bla bla.</p>
         <p>Y somos los mejores porque bla bla bla bla</p>
      </main>
<hr>
   <footer>
      <p>&copy; Todos los derechos reservados</p>
   </footer>
 </body>
 </html>
```

 APLICACIÓN PRÁCTICA

Supongamos que hay que crear un listado vertical de productos para una página web desde los que enlazar a otras páginas específicas de cada uno de ellos. Existen varias posibilidades para hacerlo: crear un párrafo con etiqueta <pre></pre>, crear una lista desordenada, crear una tabla o crear una tabla dentro de las etiquetas <nav></nav>. ¿Cuál sería la conveniente?

Solución

Aunque parezca un menú, pues desde cada ítem se enlaza con otra página web, en realidad se construiría con una tabla con más o menos columnas dependiendo de la información que se quiera destacar, como, por ejemplo, nombre, director y año de estreno. Si solo necesitáramos un listado con los nombres, se podrían usar las listas.

11. Resumen

El lenguaje usado para crear páginas web es el HTML.

Este no es un lenguaje de programación en sí, pero su código es comprensible para todos los navegadores e interacciona con el resto de los lenguajes de programación.

HTML es el encargado de preparar la estructura y algunos aspectos de diseño de la página web, y se complementa con el lenguaje CSS para desarrollar toda su potencia visual y con *JavaScript* para lograr la máxima interacción con la audiencia.

El código HTML se escribe con editores de texto simple y se guarda en archivos con extensión .html ("archivo.html"). También se puede escribir el código en editores especiales para programadores que ayudan a recordar las órdenes del lenguaje mediante diccionarios que incluyen.

Las etiquetas son el medio con el que HTML indica a los navegadores que lo que encierran entre ellas se ha de colocar de tal o cual forma en la pantalla. Hay etiquetas dobles y simples, pero cada una de ellas hace una cosa diferente.

Las etiquetas de título, tipo <h1> ... </h1>, se encargan de indicar que el texto es un encabezado. Esto es especialmente útil para mejorar el SEO de la página web, pues los encabezados son lo primero que buscan. Estos encabezados han de contener las palabras clave de la página.

Hay bastantes etiquetas para editar y darle el aspecto necesario al texto de la página web. Los atributos son los encargados de cambiarles algunas características visuales, como el color y el tamaño.

Los hipervínculos son los enlaces para ir de una página a otra y son la esencia de internet. También sirven para hacer llamadas a imágenes que están alojadas en otros sitios web y que aparezcan en nuestra página.

Para presentar conceptos e ideas ordenadas pueden usarse las etiquetas de listas y de tablas, pero siempre usándolas pensando en la programación de páginas web que se van a ver en las pantallas pequeñas de los teléfonos móviles.

Ejercicios de autoevaluación
Unidad de Aprendizaje 3

1. La tendencia actual en programación de páginas web es combinar estos tres lenguajes:

    a. HTML, CSS y JAVA.
    b. PHP, HTML y JAVA.
    c. *JavaScript,* CSS y HTML.
    d. *JavaScript,* PHP y HTML.

2. Respecto a las etiquetas en HTML:

    a. Todas son dobles, tienen una de apertura y otra de cierre.
    b. Se pueden anidar unas dentro de otras, salvo las que tienen etiqueta de cierre.
    c. Cuando tienen etiqueta de cierre, la de apertura va en mayúsculas.
    d. Las etiquetas de cierre delimitan el contenido al que afectan.

3. Determina si la siguiente oración es verdadera o falsa: "HTML es un lenguaje de programación para hacer cálculos complejos".

    ■ Falso
    ■ Verdadero

4. Las etiquetas para indicar que una sección es la cabecera son:

    a. <head> y </head>.
    b. <header> y </header>.
    c. <header> y </footer>.
    d. <head> y </header>.

5. Si las etiquetas <h2> y </h2> ya marcan un título, ¿qué podríamos hacer para resaltarlo aún más?

    a. Usar un atributo tipo <strong>.
    b. Usar un atributo tipo <main>.
    c. Usar un atributo tipo <footer>.
    d. Enlazarlo a una página.

6. Determina si la siguiente oración es verdadera o falsa: "Todo archivo HTML termina con la etiqueta </html>".

    ■ Verdadero
    ■ Falso

7. Para introducir un salto de línea dentro de un párrafo delimitado por las etiquetas <p> y </p>...

    a. ... usamos la etiqueta <hr>.
    b. ... usamos la etiqueta <br>.
    c. ... usamos las etiquetas <br> y </br>.
    d. ... usamos las etiquetas <hr> y </hr>.

8. La instrucción <img scr="/media/mono.jpg"> hace que...

    a. ... se enlace con la imagen "mono.jpg" que está en el ordenador del visitante.
    b. ... se muestre la imagen "mono.jpg" que está en el ordenador del visitante.
    c. ... se muestre la imagen "mono.jpg" que está en la carpeta "media" del servidor.
    d. ... se muestre la imagen "mono.jpg" que está en la carpeta "media" del visitante.

9. Determina si la siguiente oración es verdadera o falsa: "La instrucción <img scr="https://www.google.es">Visita Google</a> enlaza con la página de *Google*".

    ■ Verdadero
    ■ Falso

10. **¿Cuál de las siguientes etiquetas sirven para la creación de tablas?**

    a. <table>, <ul> y <td>
    b. <table>, <ol>, <td> y <tr>
    c. <table>, <td>, <tr> y <hr>
    d. <table>, <tr>, <td> y <th>

Animación de gráficos

Contenido

Objetivos

El objetivo general de esta Unidad de Aprendizaje es:

→ Diferenciar las diferentes maneras de dinamizar una página web con imágenes y vídeos.

Los objetivos específicos de esta Unidad de Aprendizaje son:

→ Aprender a enlazar vídeos alojados externamente.

→ Generar pequeños vídeos a partir de una serie de imágenes secuenciales y conocer algunas de las herramientas básicas para hacerlo.

→ Conocer las posibilidades que ofrecen la generación de mapas de imágenes y las imágenes vectoriales SVG para dotar de mayor interacción y usabilidad a la página web.

1. Introducción

Imaginemos que estamos sentados escuchando una conferencia en la que el máximo experto en la materia explica las bondades de una técnica que ha inventado. De pronto alguien abre una puerta, entra y corre hacia un asiento libre. Es casi mágico. Justo en el momento en el que se abre la puerta, todo el público olvida al experto ponente y regala su atención al maleducado intruso que llega con retraso al evento. Nuestra atención queda subyugada ante las sorpresas y el movimiento.

Lo mismo ocurre en una página web. La atención del visitante va de foco en foco a medida que alguna interrupción le hace mirar para otro lado. A veces, serán los colores, otras, las imágenes y sobre todo el movimiento. El movimiento es mucho más cautivante que una imagen estática. Tanto o más que la mirada de una persona.

Cuando alguien pide que su página web sea dinámica, puede referirse a que su contenido cambie frecuentemente, como cuando añadimos entradas a un blog, a que las imágenes tengan un poco de movimiento o a que las imágenes sean interactivas.

En la unidad 2 ya comentamos que una tendencia era añadir una animación GIF de fondo, aunque las que siguen siendo reinas en el diseño web son las animaciones que acompañan a los mensajes decisivos.

Esas llamadas de atención van a enfocar al visitante en el mensaje que queremos transmitir. Pero hay que tener cuidado con los excesos. Mejor un foco de atención que dos. Si añadimos otro, el usuario no sabrá priorizar y lo mismo acude al menos importante. O peor aún, puede que abandone la página porque sienta que lo están presionando.

La moderación es siempre una buena aliada para un diseñador web. No es conveniente abusar de estos elementos de movimiento. Un efecto por página es más que suficiente. Se pueden colocar varios CTA y solo uno con movimiento. O ninguno, pues si realmente está bien diseñada la página, no serán necesarios más añadidos.

Pero más allá de los vídeos, una página web puede llegar a ser dinámica porque simplemente permite la interacción con ella. Podemos añadir botones, mapas, fotos que nos dirijan a distintos sitios. La creatividad no tiene límites.

Para el desarrollo de la unidad continuaremos atentos al devenir de la relación de la empresa Ropas Modernas y el diseñador Juan Fernández. Y es que, como tantas otras marcas, Ropas Modernas, S. L. debe enfrentarse a un sinfín de páginas de moda y venta *online* de ropa que le hacen competencia. Todos los implicados deben cumplir su parte en las tiendas, en la página web, en las acciones de *marketing,* etc.

2. Creación de animaciones en formato vídeo

👉 HILO CONDUCTOR

A Juan Fernández le siguen solicitando propuestas para dinamizar la página web de Ropas Modernas, S. L. y que los usuarios permanezcan todo lo posible en la página web. Lo mismo tiene que crear un vídeo para mostrar las prendas de temporada o crear una serie de anuncios con las ofertas de cada momento. En principio va a ver las posibilidades de crear elementos con movimiento.

¿Qué es un vídeo? *Grosso modo,* un vídeo es una sucesión de imágenes presentadas una tras otra a una velocidad mayor a la velocidad de captación del ojo para crear la sensación de continuidad y movimiento.

Si nos fijamos en los rollos de una película de cine, comprobaremos que es así como se hace. Una película está formada por millones de fotografías. Los primeros dibujos animados también se creaban así.

Animación de un ciclista. Cada imagen añade un movimiento nuevo

A veces no necesitamos que sea un movimiento perfecto. Puede que la aparición sorpresiva de un título sea más que suficiente. O que esa presentación sea intermitente. Se trata de llamar la atención sobre un mensaje y que además pese poco para no penalizar ni el SEO de la página ni la experiencia de usuario.

2.1. Incrustando vídeos desde una plataforma externa

Cuanto más perfecto y duradero sea un vídeo, más pesará, lo cual choca con la idea de web ligera y ágil. Pero si insistimos en añadir vídeos de alta calidad, quizá sea el momento de considerar otras posibilidades, como alojar el vídeo en *YouTube* o *Vimeo* y enlazarlos a nuestra página web.

Por ejemplo, si quieres añadir un vídeo de *YouTube,* la forma más fácil es:

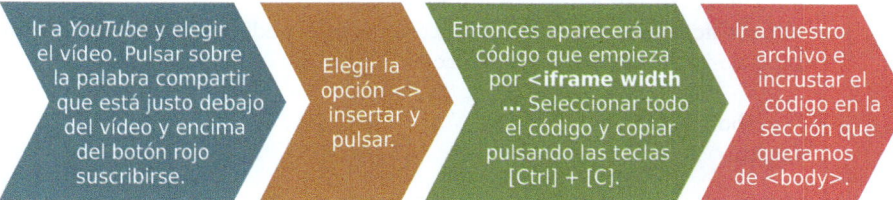

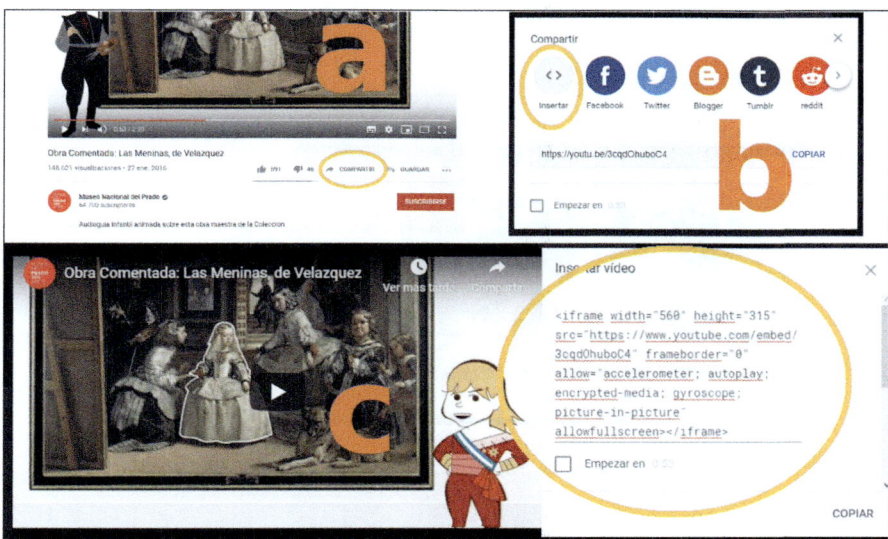

Pasos para incrustar vídeos de YouTube

Veamos cómo queda escribiendo el archivo "index12.html":

```
<!DOCTYPE html>
<html>
    <head>
    <!-- un vídeo de youtube-->

    </head>
        <title>Ejemplo vídeo de youtube</title>

    </head>
    <body>
        <h1>Explicación del cuadro de Las Meninas de Velázquez
para niños</h>
        <iframe width="560" height="315" src="https://www.
youtube.com/embed/3cqdOhuboC4" frameborder="0"
allow="accelerometer; autoplay; encrypted-media; gyroscope;
picture-in-picture" allowfullscreen></iframe>

    </body>
</html>
```

El resultado se vería así:

Enlace a un vídeo de YouTube en una página web, con el código suministrado por el propio YouTube

Como se puede comprobar, *YouTube* nos lo pone fácil al igual que otras plataformas de publicación de vídeos. Esto nos da la oportunidad de añadir vídeos creados por otras personas y organizaciones.

Imaginemos que lo que nos han encargado hacer es una página web para un concurso de cortos cinematográficos y no queremos que nuestro servidor soporte el peso de las decenas de vídeos que esperamos que se presenten a concurso. ¿No sería mejor alojar todos los vídeos en una plataforma como *YouTube, Vimeo, Metacafe, Twich, Vevo, Imgur,* etc. y enlazarlos a nuestra web? Además, esto nos permitiría compartirlos en redes y enlazarlos a nuestra web, creando tráfico desde múltiples sitios.

En efecto, en ese tipo de páginas web sería lo correcto. De igual modo, sería la forma de proceder en el caso de que una empresa quisiera añadir vídeos para la formación de los clientes.

En el resto de los casos, se añaden directamente desde nuestro propio servidor. Pero, ¿cómo hacer unas animaciones en formato vídeo?

SABÍAS QUE...

Más de 2.000 millones de usuarios ven vídeos cada mes en *YouTube.*

2.2. Animaciones básicas en formato vídeo

Sin duda, la forma más básica de crear un vídeo es transformar una presentación de diapositivas en vídeo.

Claro, una presentación tipo *PowerPoint* de *Microsoft, LibreOffice Impress* o *Google Slices,* no es más que una sucesión de imágenes que vamos pasando una tras otra a nuestro ritmo. Pero si le decimos que las diapositivas pasen una a una automáticamente cada varios segundos, tendremos un vídeo.

Con *PowerPoint* de *Microsoft* se puede hacer directamente simplemente exportando la presentación en formato vídeo o GIF. Pero si no se tiene licencia, podremos lograr lo mismo pero con un paso previo: convertir cada diapositiva en una imagen independiente y luego unirlas con otro programa, tanto en *Windows, Linux, Mac, Android* o *iOS,* aunque los veremos en el siguiente apartado.

VÍDEO

Cualquier estrategia de *marketing* debería ir acompañada de un canal de vídeo en una plataforma tipo *YouTube*. Puedes ver cómo sacarle partido viendo este vídeo sobre *video marketing:*

https://redirectoronline.com/ifcd010po0401

2.3. Timelapse

Una técnica muy de moda actualmente es el *timelapse.*

DEFINICIÓN

Timelapse
Es una técnica que consiste en presentar en vídeo varias imágenes de sucesos que, normalmente, se producen a velocidades muy lentas.

Por ejemplo, un vídeo sobre la transformación de una flor desde que la semilla es plantada hasta que florece resplandeciente, o sobre el crecimiento de una mascota desde que nace hasta que alcanza la edad adulta. En los dos casos, los cambios suceden lentamente y tardan en producirse. Si somos capaces de hacer una foto en la misma posición con una frecuencia establecida, podremos disfrutar toda la transformación en un corto espacio de tiempo.

Podríamos decir que el *timelapse* es como un vídeo corto de toda una vida. Si miramos por la red, descubriremos *timelapses* casi mágicos de construcciones, viajes, etapas de maduración de personas, crecimiento de plantas, transformación de insectos, degradación de entornos naturales, procesos creativos y un sinfín de actividades de larga duración que se nos presentan en toda su crudeza o belleza para disfrutarlas en un instante.

Podemos comprobar cómo sería un *timelapse* del montaje de una exposición en el Museo del Prado creando el archivo "index13.html".

```html
<!DOCTYPE html>
<html>
    <head>
    <!-- timelapse-->

    </head>
        <title>Ejemplo vídeo de timelapse</title>

    </head>
    <body>
        <h1>Timelapse del montaje de una exposición en el Museo del Prado</h>
        <iframe width="560" height="315" src="https://
www.youtube.com/embed/lvCk9sjiAng" frameborder="0"
allow="accelerometer; autoplay; encrypted-media; gyroscope;
picture-in-picture" allowfullscreen></iframe>

    </body>
</html>
```

 TAREA 6

Carlos es un estudiante al que le han encargado un trabajo sobre el Museo del Prado. En vez de crear la típica presentación de diapositivas, ha decidido crear una página web a modo de presentación interactiva. Una de las páginas que ha creado enlaza a un *timelapse* del montaje de una exposición y ha escrito el código en el archivo "index13.html". Ahora quiere comprobar cómo ha quedado. ¿Qué pasos debería seguir?

2.4. Datos animados

Otra tendencia absoluta es la creación de gráficos estadísticos y dotarlos de animación para dramatizar los cambios de una variable a través del tiempo o por efecto de alguna otra variable.

Para ello, hay disponible *software* como:

Fluorish

https://redirectoronline.com/ifcd010po0402

Tableau

https://redirectoronline.com/ifcd010po0403

Data GIF Maker

https://redirectoronline.com/ifcd010po0404

Data GIF Maker es el más simple y, por lo tanto, un buen comienzo para generar gráficos estadísticos animados.

No hace falta siquiera darse de alta.

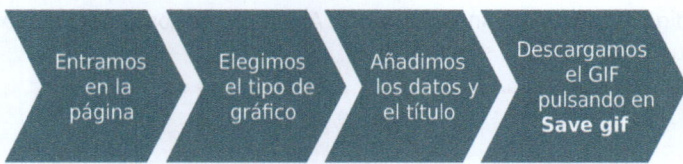

Entramos en la página → Elegimos el tipo de gráfico → Añadimos los datos y el título → Descargamos el GIF pulsando en **Save gif**

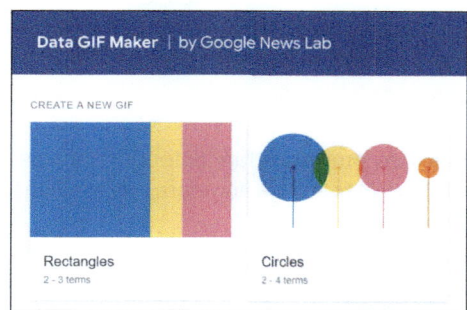

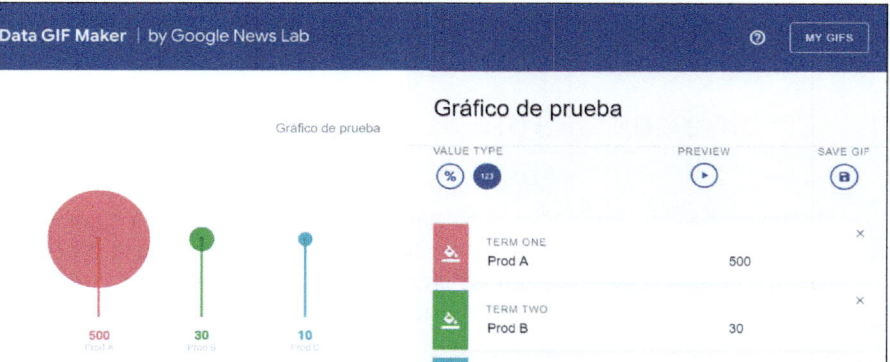

Las dos pantallas para usar el programa online Data GIF Maker. En él hemos añadido tres valores de producto A, B y C. Cuando se descarga, se verá como una animación en la que primero se presentan los círculos y luego las líneas verticales que llegan a los valores.

PARA SABER MÁS

Para ampliar tu información sobre el impacto de *YouTube* puedes acceder al siguiente enlace:

https://redirectoronline.com/ifcd010po0405

ACTIVIDAD COMPLEMENTARIA

9. Mide la altura de tres amigos o familiares y crea tres gráficos animados distintos con *Data GIF Maker* para comparar las medidas. Elige el que mejor describa las diferencias.

----

3. *Gif animator*

 HILO CONDUCTOR

Un amigo de Juan Fernández le ha hablado de la posibilidad de crear vídeos muy sencillos a partir de fotos. Esto le vendría bien para crear una especie de película en la que se muestren las prendas más destacadas de la temporada. Si además le pudiera añadir una música fresca de fondo, sería fantástico.

3.1. Creando gifs animados

Crear un GIF animado es hoy día realmente sencillo. Se eligen las imágenes que se van a usar, se añaden al *software* elegido y se le dice que obtenga el GIF animado.

Todas tienen el mismo inconveniente: cuanta más calidad tengan las imágenes, mayor será su peso y, en consecuencia, más peso tendrá el GIF animado resultante. Así que siempre es recomendable modificar las imágenes antes de añadirlas al *software* de creación de GIF animados. De hecho, en su origen, lo que hacía el formato de imagen GIF era reducir la calidad y el peso de la imagen.

Hay cientos de programas que permiten crear GIF animados. *GIF Animator* fue uno de los primeros programas que facilitaron la creación de GIF animados a todo el mundo. Era una herramienta tan sencilla que cualquiera podía usarla. Tan solo había que transformar las imágenes a formato GIF y unirlas mediante *GIF Animator*.

GIF Animator aún está disponible para su descarga en la red, pero no se actualiza desde hace años. Otros programas han ido sustituyéndolo con el paso del tiempo y hoy día podemos crear vídeos y GIF animados de forma *online* y *offline*. He aquí algunos de ellos:

Veamos un ejemplo con el *software Fotos* que viene preinstalado en *Windows 10*.

Menú del programa Fotos de Windows 10. En naranja está señalada la opción de crear vídeo

Una vez pulsado sobre la opción **Vídeo nuevo,** se abrirá una pantalla en la que nos pedirá el nombre del vídeo a crear:

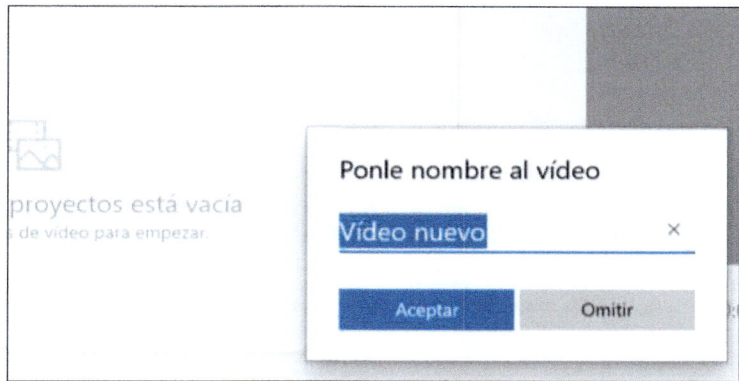

Programa Fotos. Pantalla para añadir nombre al vídeo

Una vez nombrado el vídeo, nos pedirá que añadamos las fotos con las que vamos a crear el vídeo. También podremos añadir algunos vídeos que quedarán integrados en el proyecto.

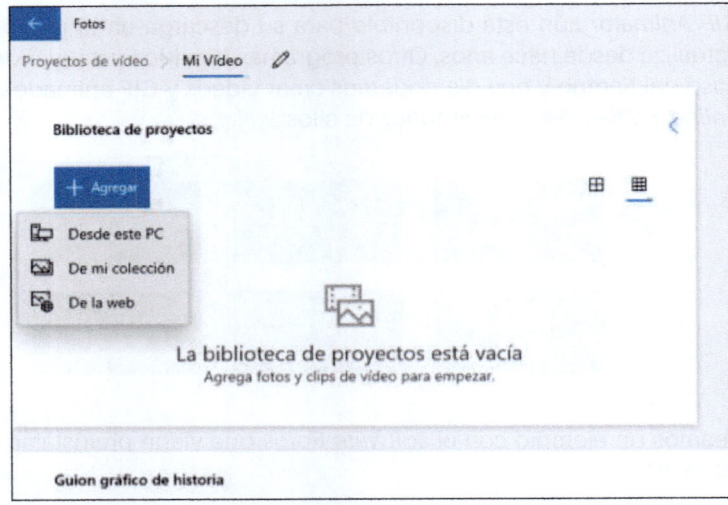

Programa Fotos. Pantalla para agregar las fotos que vamos a añadir

Se añaden las imágenes en orden de presentación y se le otorga una duración a cada una.

Programa Fotos. Se han añadido 5 imágenes diferentes para crear un mensaje que aparecerá secuencialmente. Cada imagen estará en pantalla durante 3 segundos. Se podrá ver el resultado en el visor que aparece en el cuadrante superior derecho.

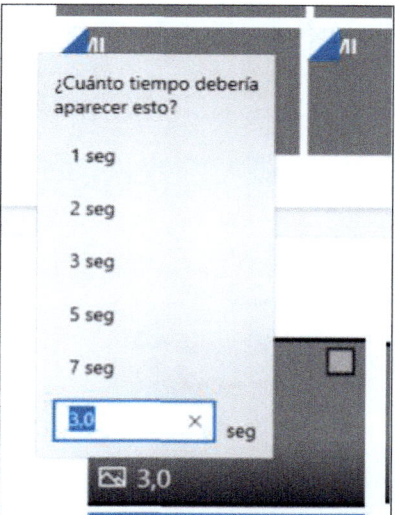

Programa Fotos. Pulsando sobre el número que aparece en cada imagen añadida, aparecerá una pestaña donde podremos indicar el tiempo que queremos que esté esa imagen en pantalla.

Aunque en el diseño de web para empresas no es muy recomendable, lo normal es que el vídeo tenga sonido, de modo que ahora que ya tenemos las imágenes organizadas, podremos añadirles música o la pista de audio que queramos. Para ello, elegiremos una de las músicas de fondo que ponen a nuestra disposición o le añadimos un sonido personalizado.

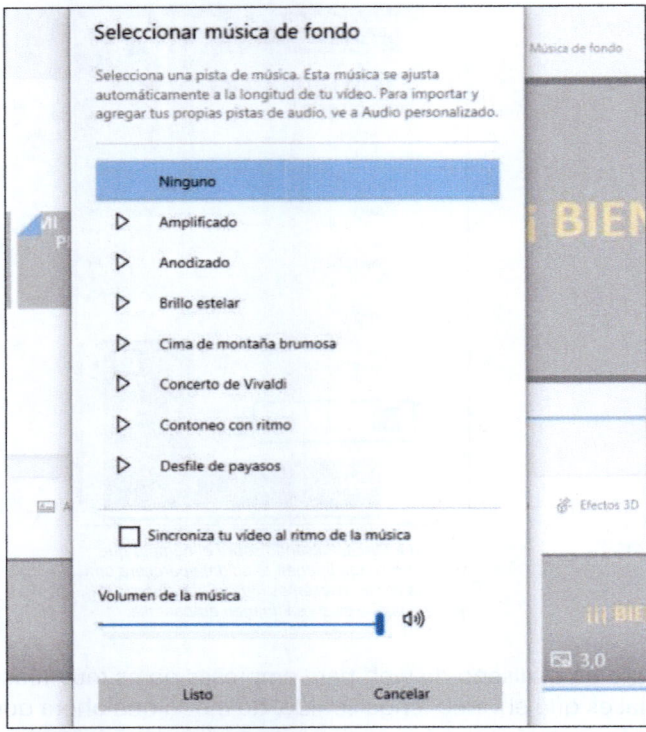

El programa Fotos nos da la opción de añadir una música de fondo o añadir un sonido personalizado, pulsando en el menú que está encima del visor del vídeo.

Una vez añadida la música de fondo, podremos finalizarlo y guardarlo en tres calidades distintas. Después, le damos a **Guardar** y ya tendríamos el vídeo creado.

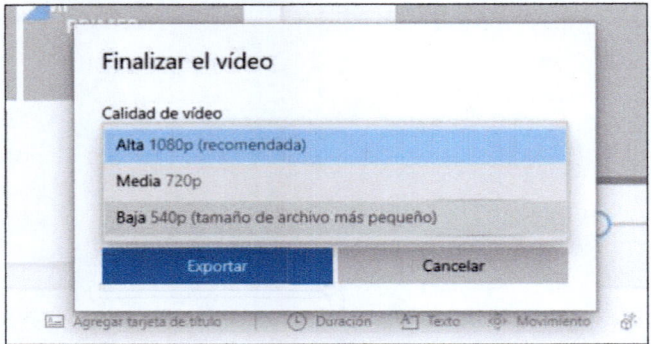

El programa Fotos nos da exportar el vídeo en tres calidades.

En este caso, el programa *Fotos* de *Windows* exporta el vídeo en formato MP4, que es un formato de vídeo que puede ser leído por todos los navegadores. Hay muchos otros formatos, pero no existe una estandarización global.

Los formatos reconocidos por HTML 5 son:

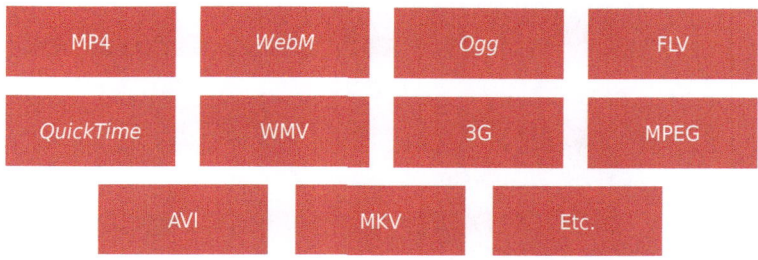

 ACTIVIDAD COMPLEMENTARIA

10. Crea un código html añadiendo un vídeo de *YouTube*.

- -

3.2. Insertar vídeo en la página web

En efecto. Ya tenemos nuestro vídeo y queremos añadirlo a nuestra página web. ¿Cómo se haría?

Para eso tenemos la etiqueta <video></video>.

```
<video width="320" height="240" controls>
    <source src="película.mp4" type="video/mp4">
    <source src="película.ogg" type="video/ogg">
    <source src="película.webm" type="video/webm">
</video>
```

Pasemos a ver todos esos nuevos atributos:

width="320" height="240"
- Indica el ancho y el alto del visor del vídeo.

<source src .... type ...>
- Añade alternativas. Si no hubiera alternativas, solo se pondría: **<video src="película.mp4>.**

controls
- Es una orden para que aparezcan los controles de pausa, *play* y *stop* en el visor.

autoplay
- Se coloca en lugar de **controls** para que el vídeo se ponga en marcha solo.

loop
- Hace que el vídeo se repita constantemente.

No hace falta añadir los vídeos en todos los formatos, pero es recomendable para asegurar que se vea en todos los dispositivos.

En la creación de vídeos se debe priorizar la transmisión de emociones frente a la perfección del vídeo.

APLICACIÓN PRÁCTICA

Imagina que una empresa te solicita que crees un par de vídeos representativos de la empresa para colocarlos en la página web y en las redes sociales. ¿Elegirías una presentación o dosier y la pasarías a vídeo? ¿Crearías un vídeo desde cero?

Solución

El criterio no es tanto qué elegir, sino el resultado que se va a obtener. Cuando se crea material corporativo, siempre es preferible fabricar material de gran calidad; primero, porque podrá utilizarse en todos los medios que fueran necesarios, y segundo, porque el material de mala calidad no admite tantas transformaciones posteriores, corriendo el peligro de no poder utilizarse cuando se necesite.

Es mejor invertir en imágenes, vídeos y audios de gran definición que perder la oportunidad de impactar con éxito en los visitantes. En caso de no ser posible, por motivos técnicos o económicos, es más ventajoso cambiar de estrategia que dar una mala impresión.

- -

4. Creación de puntos de interactivación

☞ HILO CONDUCTOR

Juan Fernández tiene claro que las ofertas especiales han de estar siempre presentes. En Ropas Modernas S. L. ya le informaron de que hacen muchas promociones coincidiendo con el día de los enamorados, verano, *Halloween*, etc. Juan Fernández está dudando de si crear un *banner* tipo para todas las promociones o preparar uno distinto para cada ocasión. Le pregunta a Ropas Modernas S. L. y ellos lo tienen claro. Quieren una distinta para cada ocasión.

- -

4.1. Facilitando la navegación por nuestros contenidos

Es cierto que para que haya interacción entre la página web y el usuario se podrían añadir algo más que imágenes y vídeos. De hecho, para que la conversación sea bidireccional, ha de ser posible que en algún momento se escuchen las reacciones de la audiencia.

Por ejemplo, se pueden añadir enlaces con la etiqueta <a href="...> sobre algún texto llamativo para indicar la posición exacta de un lugar.

```
<h1>Visita el Parque Natural<a href="https://www.google.es/
maps/place/Parque+Natural+Montes+de+Málaga/@36.8321189,-
4.4594335,12z/data=!4m5!3m4!1s0x0:0xcc6c771ac30ccfaf!8m2!3d
36.8419021!4d-4.3667865">Montes de Málaga</a></h1>
```

Si logramos que pulse sobre el enlace, ya habremos conseguido lo que queríamos. Lo mismo ese enlace lleva al carrito de compra de un comercio electrónico o a un formulario de inscripción. Es una interacción muy básica pero útil.

Esto mismo se puede hacer desde una imagen, de modo que si pulsamos sobre ella, nos lleva a otra página. Esto se logra combinando los comandos ya conocidos, que marcaremos en dos colores diferentes en el siguiente ejemplo:

```
<a href="https://www.google.es/maps/place/Parque+Natural+Mo
ntes+de+Málaga/@36.8321189,-4.4594335,12z/data=!4m5!3m4!1s
0x0:0xcc6c771ac30ccfaf!8m2!3d36.8419021!4d-4.3667865"><img
src="foto_montes_malaga.jpeg"></a>
```

Esto que acabamos de ver tiene muchísima importancia. Es el fundamento de la publicidad en internet: los *banners*.

 **DEFINICIÓN**

Banner
Es una imagen colocada dentro una página web o red social que anuncia un producto o un servicio.

Un *banner* es la acción publicitaria más básica de internet. Es ese rectángulo que aparece cuando visitamos las webs de otros, que a veces es fijo o a veces parpadea sin cesar. Esos, justo esos, son los anuncios que se pagan cuando hablamos de SEM.

Es verdad que no todos son tan básicos como enlazar una imagen a una página web y ya está. Los hay mucho más sofisticados que interaccionan con la página y te persiguen constantemente a medida que sigues explorando internet. Pero en esencia son eso, imágenes con texto que anuncian cosas.

Hay *banners* que se integran en un lateral o en la cabecera, están los fijos y los hay expandibles que crecen al pasar junto a ellos. Con la ayuda de *JavaScript* estos *banners* pueden hacer casi cualquier cosa para captar nuestra atención y nuestros datos.

Sin entrar más en ellos, quedémonos con estos cuatro consejos para crear un *banner:*

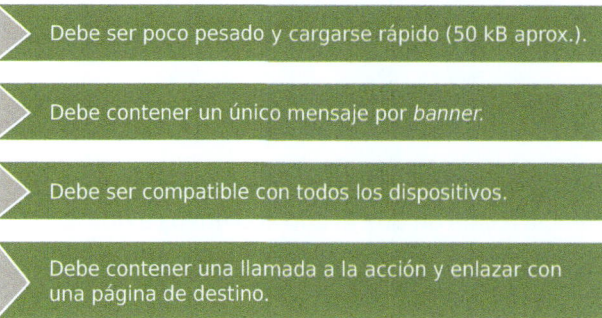

Debe ser poco pesado y cargarse rápido (50 kB aprox.).

Debe contener un único mensaje por *banner.*

Debe ser compatible con todos los dispositivos.

Debe contener una llamada a la acción y enlazar con una página de destino.

4.2. Regalos

Qué mejor interacción que un regalo, ¿verdad? Puede ser un descuento, un número para un sorteo o mil cosas más. Pero un regalo también puede ser un documento, un libro o un archivo de audio especial.

HTML permite enlazar archivos para su descarga. Para ello, hay que alojar el archivo en alguna carpeta del servidor y luego enlazarlo con una orden del tipo:

```
<a href="https://fichero.doc" download="Nombre ficticio de
fichero">Enlace de descarga</a>
```

El atributo *download* es el que indica al navegador que el archivo enlazado se puede descargar.

El comando se podría interpretar de la siguiente forma: Si pulsas sobre el texto "Enlace de descarga", descargarás el fichero "Nombre ficticio de fichero", que está alojado en "https://fichero.doc".

Si hubiéramos escrito:

```
<a href="https://fichero.doc" download>Descarga el libro</a>
```

El comando se interpretaría así: Si pulsas sobre el texto "Enlace de descarga", descargarás el fichero "fichero.doc" que está alojado en "https//fichero.doc".

La diferencia reside en que lo que acompaña a *download* da la posibilidad de darle un nombre más adecuado a un archivo.

TAREA 7

A Marisa, la encargada de mantener la página web de un comercio, le han pedido que cuelgue el avance del catálogo de la siguiente temporada en la web para que los usuarios puedan descargarlo. ¿Cuál es la forma más rápida de hacerlo? Atrévete, ponlo en práctica. Elige un archivo PDF que tengas a mano y crea una página web simple para que se pueda descargar.

4.3. Seguimiento del usuario

Pero, ¿de qué sirve tanto esfuerzo si no sabemos luego si sirve para algo o no? Necesitamos datos, esa parte de la conversación bidireccional que nos dice si estamos haciendo bien o mal las cosas.

Interesa saber cómo ha llegado a nuestra página, cuánto tiempo pasa en ella, qué otras páginas ve, de qué país procede, qué dispositivo ha usado y cualquier otro dato relevante.

Todo ello se puede lograr añadiendo un pequeño código dentro del archivo HTML que se llama **píxel.**

DEFINICIÓN

Píxel
Código que permite capturar y hacer seguimiento de los datos de los usuarios de una página web. Se le llama así porque este código acompaña a una imagen de 1 x 1 píxeles que permanece invisible.

Este código es invisible para el usuario y se carga entre las etiquetas <head></head>.

Imaginemos que nuestra página tiene incrustado un píxel de *Facebook*. Cada vez que alguien visite la página desde un anuncio puesto en *Facebook,* quedará grabado. Así se sabrá si el anuncio ha tenido éxito.

Uno de los píxeles más famosos es el de *Google,* el cual permite hacer seguimiento y control de todos los visitantes de la página.

Un píxel de *Google* tiene este aspecto:

```
<script type="text/javascript">
    /* <![CDATA[ */
    var google_conversion_id = 345678922;
    var google_conversion_language = "es";
    var google_conversion_format = "2";
    var google_conversion_color = "ffffff";
    var google_conversion_label = "ABABABABABABABABABAB";
    var google_remarketing_only = false;
    /* ]]> */
</script>
<script type="text/javascript" src="//www.googleadservices.com/
pagead/conversion.js">
</script>

<noscript>
    <div style="display:inline;">
    <img height="1" width="1" style="border-style:none;" alt=""
    src="//www.googleadservices.com/pagead/
conversion/123456789/
?label=ABABABABABABABABABABA&amp;guid=ON&amp;scri
pt=0"/>
    </div>
</noscript>
```

Este código se puede conseguir fácilmente accediendo a *Google Analytics* con la cuenta de usuario.

 ACTIVIDAD COMPLEMENTARIA

11. Comprueba cómo conseguir un píxel de *Facebook* y compáralo con el de *Google.*

4.4. Mapas de imágenes

La creatividad de los diseñadores web está siempre espoleada por las necesidades de quienes les encargan los trabajos. Con todo lo que hemos visto hasta ahora ya se puede trabajar un poco.

Tenemos muchas maneras de escribir texto, tenemos imágenes, vídeos, sonidos, enlaces, texto e imágenes que enlazan a otras páginas, códigos de seguimiento, pero aún podemos hacer más.

HTML da la posibilidad de usar una imagen como si fuera un mapa y definir puntos dentro de ella para enlazar a diferentes páginas. Es como esos libros para niños con un dibujo de una granja y que emite diferentes sonidos dependiendo del animal que se pulse. Solo que ahora podremos hacer una web con la misma granja y que cuando haga clic sobre el animal, suene, abra un vídeo o nos lleve a una enciclopedia.

Es cierto que los mapas de imágenes han caído en desuso con la llegada del diseño de web *responsive,* ese que se adapta a cualquier tipo de pantalla, sobre todo la de los móviles, ya que los mapas están casi siempre asociados a zonas fijas de la imagen. Y claro, si cambia el tamaño de la imagen, las zonas se dislocan. Habría que hacer entonces un mapa para cada posible tamaño y complicando el código demasiado. Esta circunstancia ha llevado a los diseñadores a reinventarse y crear nuevas opciones.

En cualquier caso, todavía es una técnica útil que permite interaccionar con los usuarios, sobre todo en páginas y aplicaciones web creadas ex profeso para tamaños medios y grandes de pantalla.

DEFINICIÓN

Mapa de imagen
Es una serie de coordenadas asociadas a los píxeles que la conforman.

Cuando decimos que las dimensiones de una imagen son 800 x 600 píxeles (ancho por alto o *width* x *height* en inglés), significa que está compuesta por 800 columnas y 600 filas de píxeles. Es decir, que está compuesta por 800 x 600 = 480.000 píxeles.

Esta última cifra también nos indica que esa imagen tiene 480.000 coordenadas distintas. Asusta, ¿verdad?

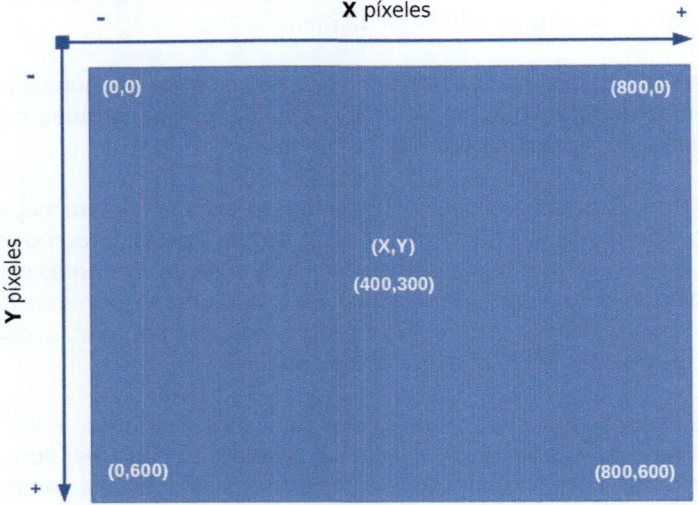

Mapa de una imagen de 800 x 600 píxeles. Las coordenadas crecen hacia la derecha y hacia abajo.

5. Configuración de preferencias de mapas del lado del servidor

☞ HILO CONDUCTOR

Como las tiendas de Ropas Modernas S. L. son bastante grandes y están ordenadas temáticamente, se le ha ocurrido que para facilitar la experiencia del usuario, podría crear un mapa interactivo que lleve al visitante directamente a lo que esté buscando. Antes se lo tiene que presentar a los dueños de la empresa, pero creará un boceto para que se hagan una idea.

En un origen, se propuso que los mapas de imágenes habría que definirlos en el lado del servidor. Cuando el usuario indicaba un lugar en la imagen que veía, el navegador enviaba esta información al servidor y este le devolvía el enlace requerido.

Eran épocas de poca estandarización y se prefería asegurar que el usuario recibiera lo que estaba pidiendo antes de dejar todo el proceso en manos de los diferentes navegadores.

La forma de hacerlo era incluir el atributo *ismap* dentro de la etiqueta <img src=" ... ismap>.

Pero ojo, esta etiqueta debe estar incluida dentro de otra, <a href=" ... ></a>, por ejemplo:

```
<a href="/archivo.html">
    <img src="imagen.jpeg" ismap>
</a>
```

Sin embargo, esto tampoco fue factible, pues penalizaba los tiempos de conexión, aumentaba el tráfico y tampoco fue una solución que gustara a la mayoría. Al fin y al cabo, internet es un sistema global en el que lo que funciona es porque la mayoría ha decidido que es lo mejor, o porque las alternativas mejoradas han llegado demasiado tarde y cuesta más cambiar que seguir usando algo reconocidamente ineficiente.

Así que el tiempo dejó la que había sido la primera opción como válida, esto es, configurar el mapa en el lado del cliente. Es decir, que cada vez que se accede a la página web, se define el mapa en el navegador y la memoria RAM del ordenador del usuario.

6. Acceso al archivo de mapa de la imagen

 HILO CONDUCTOR

A Juan Fernández se le antojaba más fácil realizar un mapa de imágenes, pero pronto se ha dado cuenta de que es un tipo de elemento que requiere ser planificado previamente y no es fácil hacerlo sobre la marcha.

Quizá hasta tenga que usar herramientas auxiliares para definir y ubicar perfectamente los lugares en los que colocar los enlaces. Un editor de imágenes podría ser útil.

6.1. Crear un mapa

Un mapa de imagen se crea en dos etapas:

- ⮑ Primero se indica la imagen y se la relaciona con un mapa.
- ⮑ Después se define el mapa.

Veamos un ejemplo:

```
<!DOCTYPE html>
<html>
<head>
    <title>Ejercicio mapa del tesoro</title>
</head>
<body>

    <img src="mapa_del_tesoro.jpg" alt="imagen de Mapa del
tesoro" usemap="#mapatesoro">

    <map name="mapatesoro">
        <area shape="rect" coords="100,100,120,120" href="https://
enlace1.html">
        <area shape="rect" coords="30,30,50,50" href="https://
enlace2.html">
        <area shape="circle" coords="75,75,15" href="https://
enlace3.html

    </map>

</body>
</html>
```

Como vemos, aquí han aparecido etiquetas nuevas:

> **<img scr="…" usemap"#mapatesoro">**
> - De esta forma se indica que la imagen tiene un mapa asociado.

Continúa en página siguiente >>

<< Viene de página anterior

<map name="..."> **</map>**
- Define el mapa.

<area shape= "..." coords= "..." href="...">
- Define el tipo de área, las coordenadas de su situación dentro de la imagen y la página enlazada.

Hay que tener mucho cuidado a la hora de hacer coincidir *usemap* en la imagen y en el mapa, pues de lo contrario fallará.

De otro lado, tenemos distintos <area shape...> o distintas maneras de definir áreas dentro de la imagen. Veámoslas:

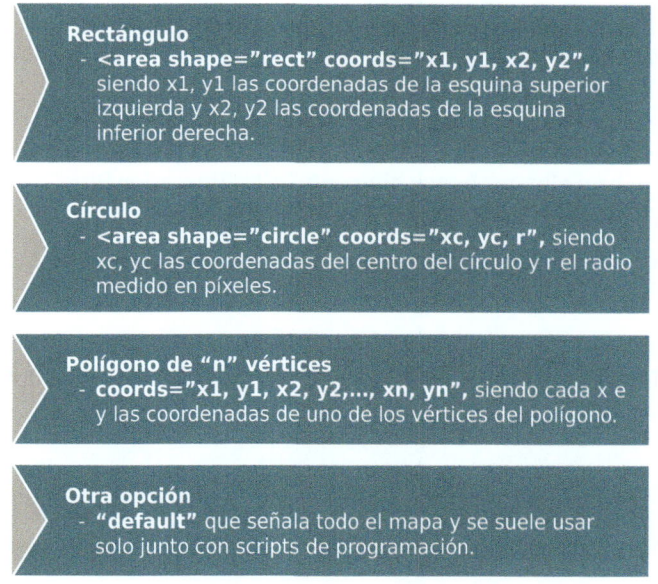

Rectángulo
- **<area shape="rect" coords="x1, y1, x2, y2",** siendo x1, y1 las coordenadas de la esquina superior izquierda y x2, y2 las coordenadas de la esquina inferior derecha.

Círculo
- **<area shape="circle" coords="xc, yc, r",** siendo xc, yc las coordenadas del centro del círculo y r el radio medido en píxeles.

Polígono de "n" vértices
- **coords="x1, y1, x2, y2,..., xn, yn",** siendo cada x e y las coordenadas de uno de los vértices del polígono.

Otra opción
- **"default"** que señala todo el mapa y se suele usar solo junto con scripts de programación.

A veces es complicado conseguir todas las coordenadas. Si la imagen fuera la del mapa de España y quisiéramos definir los límites provinciales, el trabajo sería arduo y tedioso. Convendría en este caso ayudarse de algún programa que nos vaya indicando los puntos clave, un editor de imágenes del estilo de *Paint* que viene incluido en el sistema operativo *Windows,* que conforme el puntero se mueve por la imagen, en su esquina inferior izquierda va marcando las coordenadas.

6.2. Accesibilidad: *ALT, TITLE Y TARGET*

¿Qué ocurriría si la página entera fuera una imagen sobre la que hubiéramos añadido enlaces y el navegador no pudiera mostrarla? Y si la visitara una persona invidente, ¿cómo le indicaría el intérprete automático que suelen llevar lo que está ocurriendo?

En HTML hay un atributo que ayuda en estos menesteres: *alt,* que se refiere a un texto alternativo cuando la imagen no se ve o no puede verse.

Por su parte, el atributo *title* (no confundir con la etiqueta <title>), indica un título cuando el puntero se acerca al texto o a la imagen con un vínculo.

Ejemplos de su uso son:

```
<area href="https://www.google.com" shape="rect"
coords="342,104,400,134" alt="Buscador Google" target="_
blank">
<img scr="imagen.jpeg" alt="imagen de muestra" title="imagen
de muestra">
<a href="https://www.bing.com" alt="Buscador Bing"
title="Buscador Google" target="_blank">
```

De otro lado, el atributo *target* se usa junto a la etiqueta <a href=" ...> y <area shape ...> para indicar al navegador dónde debe abrirse la nueva página:

target="_blank"
- Abre el documento en una nueva ventana o pestaña.

target="_self"
- Abre el documento en el mismo marco desde el que se le ha llamado.

target="_parent"
- Abre el documento en el marco de orden superior.

target="_top"
- Abre el documento en toda la ventana actual.

Este atributo ayuda a la usabilidad, pues si usamos target="_blank" se abrirá una nueva pestaña y el usuario podrá navegar entre pestañas sin tener que esperar a cargar de nuevo la página web que desee.

7. Editar gráficos y crear vínculos

 HILO CONDUCTOR

Juan Fernández sigue trabajando en la página web de Ropas Modernas S. L. Poco a poco va encontrando formas de animar la página y buscar la interacción con el cliente. Cree que podría encontrar algo que le permita componer dibujos que modifiquen su tamaño sin tener que añadir más imágenes. Algo que funcione como los iconos, que se redimensionan en cada pantalla. Va a explorar las posibilidades de las imágenes SVG.

- -

7.1. Adaptar las imágenes

Hasta ahora hemos visto que para añadir una imagen debemos hacerlo con la etiqueta:

```
<img scr="...">.
```

También hemos explicado que dos de los atributos de esta etiqueta eran *width* y *height*.

```
<img scr="imagen.jpg" width="320" height="200" alt="imagen">
```

Este código fija el tamaño de la imagen a las medidas 320 x 200 píxeles, independientemente de la pantalla que se tenga.

El inconveniente de este sistema es que si la imagen es de gran tamaño, cuando la pantalla sea pequeña, o no se verá o se verá solo una parte.

Hay otro modo de presentar las imágenes: dando las medidas en porcentajes; para ello, habría que utilizar el atributo *style*.

```
<img scr="imagen.jpg" style="width="30%;height="30%"
alt="imagen">
```

Si a *width* le añadimos 100 %, siempre se verá la imagen al máximo de su tamaño en todas las pantallas.

Otra forma de modificar las imágenes para adaptarlas a diferentes pantallas sería con la etiqueta <picture></picture>.

```
<picture>
    <source media="(min-width: 600px)" srcset="imagen_1.jpg">
    <source media="(min-width: 400px)" srcset="imagen_1_
pequeña.jpg">
    <img src="imagen1.jpg" alt="imagen de prueba"
style="width:auto;">
</picture>
```

Con esta etiqueta informamos al navegador de que dependiendo del tamaño de la pantalla, se cargará imagen_1 o imagen_1_pequeña.

Siempre se le añade la cuarta línea por si el navegador no comprende esta etiqueta.

El valor auto del atributo style="width:auto" le indica al navegador que calcule el ancho en el caso de que esta página web se vea dentro de otra.

7.2. Formato SVG

SVG es el acrónimo de *Scalable Vector Graphics,* gráficos vectoriales escalables.

Estos gráficos son especiales, porque cuando aumentan su tamaño no pierden calidad. Esto es posible gracias a que estas imágenes se forman calculando y entrelazando figuras geométricas (círculos, rectángulos, triángulos, líneas, etc.).

El formato SVG se utiliza constantemente para crear iconos. De ahí que se utilicen frecuentemente en páginas web con diseño *responsive.* Es lógico, pues estas imágenes se adaptan a las pantallas sin ningún tipo de problema.

HTML favorece su uso con una etiqueta especial <svg></svg>. Además, proporciona varias opciones tremendamente útiles para crear botones, *banners* y otros elementos que se utilizan a menudo.

Veamos algunos ejemplos, empezando con la construcción de un círculo.

```
<!DOCTYPE html>
<html>
<head>
    <title>Ejemplo svg círculo</title>
<body>
    <svg width="100" height="100">
        <circle cx="50" cy="50" r="40" stroke="green" stroke-width="4" fill="yellow" />
    </svg>
</body>
</html>
```

La sentencia <svg width="100" height="100"> comienza definiendo el ancho y el alto del espacio reservado para la imagen, el tamaño de la imagen.

De la sentencia <circle cx="50" cy="50" r="40" stroke="blue" stroke-width="4" fill="orange" /> diferenciamos los siguientes atributos:

circle
- Declara que se va a dibujar un círculo.

cx, cy, r
- Son las coordenadas del centro del círculo y su radio.

stroke="blue"
- Define el color de la línea del círculo y le asigna el color azul.

stroke-width="4"
- Define el ancho de la línea que dibuja el círculo y le asigna 4 píxeles.

fill="orange":
- Define el color de relleno del círculo y le asigna el color naranja.

También se pueden dibujar rectángulos como el del siguiente ejemplo, que es amarillo con fondo negro y con una dimensión de 400 x 100 píxeles.

```
<svg width="400" height="100">
    <rect width="400" height="100" style="fill:black;stroke-
width:10;stroke:yellow" />
</svg>
```

En este ejemplo, es de destacar el uso de style="fill:black;stroke-width:10;stroke:yellow", aunque también podríamos haber usado fill="black" stroke-width="10" stroke="yelow".

En vez de indicar solo el ancho y el alto, también podemos indicar en el código las coordenadas del vértice superior izquierdo a partir del cual se dibuje el rectángulo.

```
<svg width="400" height="100">
    <rect x="50" y="20"width="200" height="50"
style="fill:black;stroke-width:10;stroke:yellow" />
</svg>
```

Las coordenadas del vértice superior izquierdo son x e y.

Una variante de esta figura son los rectángulos redondeados.

```
<svg width="400" height="200">
    <rect x="50" y="20" rx="20" ry="20" width="200"
height="100" style="fill:lime;stroke:black;stroke-width:5; />
</svg>
```

Las coordenadas del vértice superior izquierdo son x e y; rx y ry indican el radio de los vértices.

También se pueden dibujar polígonos:

```
<svg width="400" height="200">
    <polygon points="180,10 70,80 110,190 240,190 290,80"
    style="fill:lime;stroke:purple;stroke-width:5;" />
</svg>
```

El orden en el que se presenten los puntos es importante, pues las líneas se trazarán en el mismo orden. Si los cambiamos, pueden aparecer dibujadas otras cosas:

```
<svg width="400" height="200">
    <polygon points="180,10 110,190  290,80 70,80 240,190" style=
    "fill:lime;stroke:purple;stroke-width:5;fill-rule:evenodd;" />
</svg>
```

El atributo fill-rule:evenodd le indica al navegador las zonas que no ha de rellenar de color. En cambio, si no lo añadimos o ponemos fill-rule:nonzero, el comportamiento será diferente según el orden en el que se presenten los vértices.

Otra figura que se puede dibujar es la elipse.

```
<svg height="200" width="200">
    <ellipse cx=100 cy=100 rx=95 ry=60 stroke="blue" stroke-
width=2 fill="lime" />
</svg>
```

En este código cx y cy son las coordenadas del centro, y rx y ry son los radios según cada eje.

Las líneas rectas, que en realidad son segmentos de línea, se dibujan con el código:

```
<svg height=200 width=200>
    <line x1=10 y1=10 x2=190 y2=190 stroke="blue" stroke-
width=2/>
</svg>
```

Los valores puntos x1 e y1 representan las coordenadas del punto inicial del segmento a dibujar, siendo x2 e y2 las coordenadas del punto final.

Otra aplicación SVG son los textos.

```
<svg height="300" width="200">
    <text fill="#ffffff" font-size="45" font-family="Verdana" x="50"
y="86">Este es un texto SVG</text></text>
</svg>
```

Veamos algunos de estos ejemplos en un mismo archivo "index14.html" para conocer las diferencias.

```
<!DOCTYPE html>
<html>
<head>
    <title>Diferentes imágenes SVG</title>
</head>
<body>
    <table>
        <tr>
        <td><h1>Rectángulo</h1>
            <svg width="400" height="200">
            <rect width="200" height="100" style="fill:black;stroke-
width:10;stroke:yellow" />
            </svg>
        </td>
        <td><h1>Rectángulo con vértice izquierdo superior
desplazado</h1>
            <svg width="400" height="200">
            <rect x="50" y="30" width="300" height="100"
style="fill:black;stroke-width:10;stroke:yellow" />
            </svg>
        </td>
        </tr>
        <tr>
        <td><h1>Rectángulo con esquinas redondeadas</h1>
            <svg width="400" height="200">
            <rect x="50" y="20" rx="20" ry="20" width="200"
height="100"
             style="fill:brown;stroke:black;stroke-width:5"; />
            </svg>
```

Continúa en página siguiente >>

<< Viene de página anterior

```
        </td>
        <td><h1>Círculo</h1>
            <svg width="100" height="100">
            <circle cx="50" cy="50" r="40" stroke="green" stroke-
width="4" fill="yellow" />
        </svg>
        </td>
        </tr>
        <tr>
        <td><h1>Elipse</h1>
            <svg height="200" width="200">
                <ellipse cx=100 cy=100 rx=95 ry=60 stroke="red"
stroke-width=2 fill="blue" />
        </svg>
        </td>
    <td><h1>Línea recta</h1>
        <svg height=200 width=200>
            <line x1=10 y1=10 x2=190 y2=190 stroke="blue" stroke-
width=2/>
        </svg>
        </td>
        </tr>
        <tr>
        <td><h1>Polígono</h1>
            <svg width="400" height="200">
                <polygon points="180,10 70,80 110,190 240,190
290,80" style="fill:orange;stroke:purple;stroke-width:5;" />
        </svg>
        </td>
        <td><h1>Polígono con iguales vértices pero orden de
trazado distinto</h1>
            <svg width="400" height="200">
                <polygon points="180,10 110,190  290,80 70,80
240,190" style="fill:orange;stroke:purple;stroke-width:5;fill-
rule:evenodd;" />
            </svg>
        </td>
        </tr>
    </table>
</body>
</html>
```

TAREA 8

A Manuel, el diseñador gráfico de una empresa, le han pedido varios soportes sobre los que dibujar el nuevo logo de la empresa. Para poder hacerlo de forma rápida, ha pensado crear una página web sobre la que se dibujen varias curvas y líneas, de manera que puedan variarse sobre la marcha, cambiando muy pocos colores. Para ello, ha generado el archivo "index14.html" sobre el que trabajará en cuanto se reúna con el gerente. ¿Cómo se vería el archivo? ¿Cómo cambiarán las figuras si les incrementa un 10 % a las dimensiones? ¿Se pueden cambiar los colores?

- -

Añadir enlaces en una imagen SVG es un poco más complicado. SVG es en realidad un formato externo que sigue un protocolo diferente a HTML: el XMLNS. Cuando se unen dos protocolos diferentes, hay que hacer mención a ellos dentro del código. Es por ello que el código se complica.

Incluso los *links* se denominan de modo distinto, ahora se llama *xlinks*.

Sería algo como lo que sigue:

```
<!DOCTYPE html>
<html>
<body>

    <svg height="30" width="200" xmlns:xlink="http://www.
w3.org/1999/xlink">
    <a xlink:href="https://www.w3schools.com/graphics/"
target="_blank">
    <text x="0" y="15" fill="red">Enlace de texto VG</text>
    </a>
    Lo siento si su navegador no soporta SVG.
</svg>
</body>
</html>
```

Lo que hace el código es llamar al organismo www.w3.org para que haga de intérprete y traduzca lo que el navegador no pueda entender.

Aunque hoy día, con CSS y *JavaScript,* todo esto se puede hacer ampliando las características de HTML.

ACTIVIDAD COMPLEMENTARIA

12. El formato SVG admite colores fijos y gradientes de colores. También admite diferentes opacidades para hacer el color más o menos saturado a la vista del usuario. ¿Cómo sería el código? Investiga sobre las etiquetas <defs> y <linearGradient>.

---

8. Cómo arrastrar y colocar imágenes

HILO CONDUCTOR

Los dueños de la sociedad Ropas Modernas S. L. han expresado varias veces su intención de que la página web sea un reflejo de su forma de trabajar. Ellos permiten tocar y probar el género, por lo que les gustaría que en la página web el usuario sintiera que es parte del proceso de compra y de decisión.

Juan Fernández deberá presentarles alguna opción más para impactar al visitante de la web.

Muchas de las funcionalidades para interaccionar con el usuario están relacionadas con tangibilizar el servicio. Pulsar un botón es un modo de hacerlo, rellenar un formulario también lo es. Pero, ¿es suficiente? ¿Qué hay de hacerlo divertido? ¿Y del esfuerzo? Cuando algo cuesta, a modo de reto, produce más satisfacción, mejora la experiencia de usuario.

Ese es el espíritu de los eventos de arrastrar y soltar, más conocidos por su nombre en inglés *drag and drop.*

Estos eventos o acciones consisten básicamente en usar el ratón o el dedo para mover elementos de la página web de una posición a otra. Es algo parecido a lo que hacemos desde hace años con los sistemas operativos, arrastrando archivos y moviendo ventanas.

Por ejemplo, supongamos que queremos mejorar la sensación de compra permitiendo que el usuario arrastre los artículos a una cesta o un carrito. O en una página web infantil, que los propios peques conecten animales con sus crías.

Estas funciones se realizan haciendo trabajar juntas las tres tecnologías: HTML, CSS y *JavaScript,* lo cual queda un poco alejado de este curso.

La tarea de arrastrar y soltar en un navegador se crea en dos pasos: primero, se activan los atributos HTML y luego se ponen en marcha las funciones de *JavaScript.* CSS aporta el estilo.

En primer lugar, se crean los elementos a arrastrar, luego se les activa el atributo *draggable* y después se activan las funciones de *JavaScript.*

HTML aporta la estructura con el atributo *draggable.* Por ejemplo, <p draggable="true">este es un párrafo "draggable"</p>.

Como puedes comprobar, no hay límites para diseñar páginas web interactivas, solo que a veces es un poco más elaborado. Poco a poco. Solo así se llega lejos.

 **APLICACIÓN PRÁCTICA**

Ante la posibilidad de crear una página web que sirva como página de aterrizaje de una campaña de anuncios en las redes sociales, ¿qué debería ser más importante, la calidad de las imágenes o la del mensaje?

Solución

No hay que elegir. Ambos temas son importantes. Ya que el usuario ha tenido la deferencia de visitar la página, no podemos fallarle con un diseño malo o descuidado. Aunque tampoco es suficiente. El visitante necesita confirmar que lo que ha visto en el anuncio concuerda con lo que se le va a ofrecer. El mensaje es muy importante también. No hay que elegir. Hay que ser excepcional en ambos casos.

9. Resumen

No siempre es necesario crear un vídeo de altísima calidad para enganchar al visitante, a veces basta con transmitir el concepto adecuado en una sola imagen o en unos segundos. Si unimos el conocimiento de la audiencia y la creatividad, comprobaremos que la sencillez es siempre nuestra aliada. Además, los vídeos de alta calidad suelen pesar en exceso en detrimento de la velocidad de carga.

Tenemos la opción de crear el vídeo, alojarlo en un portal tipo *YouTube* o *Vimeo* y luego enlazarlo a nuestra página web con el código que los propios portales nos aportan.

Otra opción es crear vídeos a partir de imágenes que se presentan automáticamente de forma sucesiva. Incluso se les puede añadir sonido. Casi todos los sistemas operativos incluyen herramientas para hacerlos de forma muy sencilla. *Fotos* es una de esas utilidades que viene incluida en *Windows 10.*

Una tendencia actual es crear gráficos estadísticos con movimiento. Hay programas que facilitan esta tarea y casi todos funcionan igual. Un ejemplo de estos programas es *Data GIF Maker.*

Algunas páginas web logran la interacción con los usuarios haciendo que distintas partes de una imagen enlacen con diferentes páginas. Esto es lo que se llama mapa de imágenes.

Algunas veces nos vemos en la necesidad de crear imágenes que se transformen según la pantalla en la que se vean sin perder la calidad. Esto se logra con las imágenes SVG, pues son imágenes creadas a partir de formas sencillas definidas por sus ecuaciones, de modo que se calculan cada vez que se presentan. Los iconos que vemos en muchas páginas web suelen ser imágenes de este tipo. También, muchos de los dibujos que abundan en internet.

Ejercicios de autoevaluación
Unidad de Aprendizaje 4

1. **Para incrustar un vídeo de *YouTube* en nuestra página web, es mejor:**

   a. Usar el código que proporciona *YouTube*.
   b. Usar un hipervínculo directo.
   c. Descargarse el vídeo y añadirlo a la página web.
   d. Nunca hay que usar ese tipo de vídeos.

2. **Básicamente, un vídeo es:**

   a. Una película de reducido tamaño.
   b. Una película para verla en pantallas pequeñas.
   c. La unión sucesiva de imágenes para hacer un anuncio.
   d. La presentación sucesiva de imágenes en un orden determinado.

3. **Determina si la siguiente oración es verdadera o falsa: "Un *timelapse* es una técnica que consiste en presentar en vídeo varias imágenes de sucesos que, normalmente, se producen a velocidades muy lentas".**

   - Verdadero
   - Falso

4. **El formato más utilizado en vídeos y reconocido por todos los navegadores es:**

   a. HBO.
   b. Div.
   c. Mp4.
   d. Ogg.

5. Controls" es...

    a. ... un control de *YouTube*.
    b. ... un atributo de la etiqueta <video>.
    c. ... un atributo de la etiqueta <a href="...">.
    d. ... un control de la etiqueta <a href="...">.

6. Determina si la siguiente oración es verdadera o falsa: "Los mapas de imágenes son mapas de situación geográfica de *Google Maps*".

    ■ Verdadero
    ■ Falso

7. Un píxel es...

    a. ... un atributo de la etiqueta <video>.
    b. ... un código para saber enlazar páginas e imágenes.
    c. ... un código que permite capturar y hacer seguimiento de los datos de los usuarios de una página web.
    d. ... un código que permite mostrar contenidos de forma *responsive*.

8. El código usemap="#mapatesoro" indica que...

    a. ... debe mostrarse el tesoro del mapa cuando el usuario lo encuentre.
    b. ... la imagen será tratada como un mapa de imagen de nombre *mapatesoro*.
    c. ... la imagen está enlazada a un mapa esquemático de la web llamado *mapatesoro*.
    d. ... no indica nada, pues no es un código html.

9. Determina si la siguiente oración es verdadera o falsa: "Las imágenes tipo SVG se usan para poder aumentar la calidad de una imagen tomada con nuestro *smartphone*".

    ■ Verdadero
    ■ Falso

10. Cuando vamos a crear un círculo con una imagen SVG, necesitaremos darle:

    a. x1, y1, x2, y2

    b. cx, cy, rx y ry

    c. cx, cy y r

    d. x, y, rx, ry

Optimización y limitaciones del diseño

Unidad de aprendizaje

Optimización y
limitaciones del
diseño

Contenido

Objetivos

El objetivo general de esta Unidad de Aprendizaje es:

→ Conocer cómo optimizar el diseño de la página web para maximizar la experiencia de usuario.

Los objetivos específicos de esta Unidad de Aprendizaje son:

→ Aprender a repartir contenidos por el espacio de la pantalla.

→ Ampliar la base de elementos gráficos y de interacción disponibles para el diseño de la página web.

→ Conocer las restricciones al diseño.

→ Saber escoger entre los diferentes formatos gráficos.

1. Introducción

Con un poco de imaginación, podemos comparar el diseño de una página web con la creación de un cuadro.

Al igual que el pintor, el diseñador dispone de un lienzo hecho de un material que puede ser blanco o de otro color. Tampoco es infinito, sino que tiene unas dimensiones concretas. A veces dichas dimensiones las marca el propio comprador del cuadro pues lo quiere para su salón o su oficina. Conociendo todo esto, ¿limitan el material y las dimensiones del lienzo la creatividad del pintor? ¿Limitan el color del fondo y el tamaño de la pantalla la creatividad del diseñador?

El color de fondo, desde luego, no, y las dimensiones, un poco, sí. Si pensamos en el usuario y en los dispositivos que usa, es el propio usuario el que impone estas limitaciones, por lo que en realidad no son restricciones, sino requisitos. Son un reto para el diseñador del que casi siempre sale victorioso. Es verdad que algunos sitios web limitan las opciones en su formato móvil, pero justo en ese momento es cuando quizá se planteen cambiar de paradigma, reduciendo opciones que no aporten valor al uso desde el *smartphone* o creando una *app* específica. Un ejemplo claro de este paso es el dado por los bancos, que decidieron abandonar su acceso web a través del *smartphone* por aplicaciones con las que operar con la más estricta seguridad.

Para el desarrollo de la unidad, continuaremos atentos al compromiso comercial entre la empresa Ropas Modernas y el diseñador Juan Fernández. Este debería ir terminando la página web, pero seguro que los gerentes de Ropas Modernas S. L. le piden nuevas modificaciones, ya que han decidido combinar diferentes estrategias de comunicación y quieren aprovechar el material de *marketing* para usarlo en todos los sitios que puedan.

2. Repartición de espacios dentro de una página

 HILO CONDUCTOR

Los dueños de Ropas Modernas S. L. han pedido a Juan Fernández que reconfigure el boceto de la página que les presentó y reparta mejor los contenidos para que se adapten de forma lógica a las pantallas de sus clientes. La mayoría

Continúa en página siguiente >>

<< Viene de página anterior

usan *smartphones,* por lo que los contenidos deben aparecer pero no agolparse. Son tiendas de moda, no bazares.

2.1. Diseño *responsive* y espacios

A lo largo de las unidades hemos ido comprobando una y otra vez que el diseño de páginas web ha cambiado mucho en los últimos tiempos. La deriva masiva hacia el uso de *smartphones* ha sido tan radical que ya se diseña para ellos y se hacen modificaciones para ver las páginas en pantalla grande como segunda opción.

¿Quién no ha comprado un algo desde el móvil? ¿Y alquilar una habitación de hotel? ¡Si hasta se pueden pedir préstamos a los bancos desde el *smartphone!*

Cuando las pantallas grandes eran las que marcaban el ritmo, se disponía de mucho espacio para insertar enlaces, insertar mensajes y añadir fotos en distintos sitios.

Hoy ya no ocurre así. En el mejor de los casos se dispone de un máximo de 6 pulgadas en diagonal para mostrar lo mejor de nuestros clientes.

Tendremos que diseñar de modo que todo se vea secuencialmente, con una línea argumental lógica y de forma que cuando se acceda desde pantallas más grandes, las secciones o bloques se acomoden a la nueva disposición.

En resumen, que el espacio es el que es y que con ello tendremos que lidiar.

Ya vimos en unidades anteriores que HTML 5 cambió el paradigma de los espacios y creó nuevas etiquetas para reorganizarlos en secciones y módulos.

Como norma sería mejor no escatimar en módulos, aunque en la práctica cada sección o cada módulo corresponde a una entidad argumental diferente.

Recordemos las etiquetas:

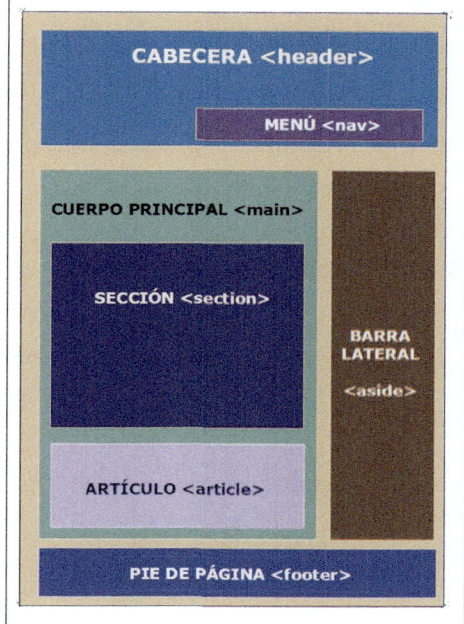

Ejemplo bloques y módulos

2.2. Etiqueta <div>

HTML nos presta una etiqueta especial para crear secciones: <div> </div>.

Esta etiqueta nos ha acompañado desde casi el inicio y es muy apreciada aún entre los diseñadores.

<div> ayuda a crear secciones dentro de otras secciones, de modo que, por ejemplo, podríamos crear párrafos de texto completamente distintos unos a otros.

Veamos cómo funciona con el ejemplo "index15.html":

```
<!DOCTYPE html>
<html>
<head>
    <title>Esto es un ejemplo de etiqueta <div></title>
</head>

<body>
    <h1>Esto es un título fuera de un div</h1>

    <div style="background-color:lightblue">
            <h1>Este es el título dentro de "<div>"</h1>
            <p>Esto es un párrafo dentro de un "<div>"</p>
    </div>

    <p>Esto es un párrafo fuera de un "<div>"</p>

</body>
</html>
```

Si creamos el archivo "index15.html" y lo abrimos en el navegador, esto es lo que veríamos.

Ejemplo de uso de etiqueta div con uso de atributo style para cambiar el fondo de color

2.3. Atributos *id* y *class*

Todo esto ayuda, simplifica y ordena, pero, ¿qué ocurrirá cuando tengamos varias secciones iguales? ¿Cómo podremos diferenciar unas de otras?

Cada uno de estos bloques, secciones y módulos puede ser configurado individualmente. Esa es su verdadera potencia.

Con CSS podremos darle un diseño especial a cada elemento, aumentando así las posibilidades de creación de sitios armoniosos con secciones argumental y visualmente diferenciadas.

Con *JavaScript* ocurre lo mismo. Podremos programar distintas respuestas en función del interés mostrado por el usuario, simplemente detectando su comportamiento ante un elemento específico o ante varios del mismo tipo. Se pueden programar acciones en función de si hace *clic,* de si pasa por encima, de si viene de algún sitio o va hacia otro, multiplicando así las oportunidades de enganchar al visitante.

Dos de los atributos globales más usados para identificar todos estos elementos estructurales, así como a otros relacionados con textos e imágenes, son *id* y *class.* A veces, son también llamados identificadores o selectores.

 **DEFINICIÓN**

Atributo
Es global cuando se aplica a todos los elementos de HTML, y sirven para establecer parámetros o configuraciones específicas para dichos elementos. Algunos atributos globales ya los conocemos, como *style* o *title, id, class.*

Aunque se puedan usar en todos los elementos HTML, puede que no tengan efecto en algunos, como es el caso del atributo global *lang* (idioma), que solo influye en elementos de texto y no en los referentes a imágenes.

El atributo *id* permite seleccionar elementos individuales. Por ejemplo, <h1 id="h1Principal"> identifica a este elemento <h1> en concreto.

Para usarlo correctamente, debemos tener en cuenta lo siguiente:

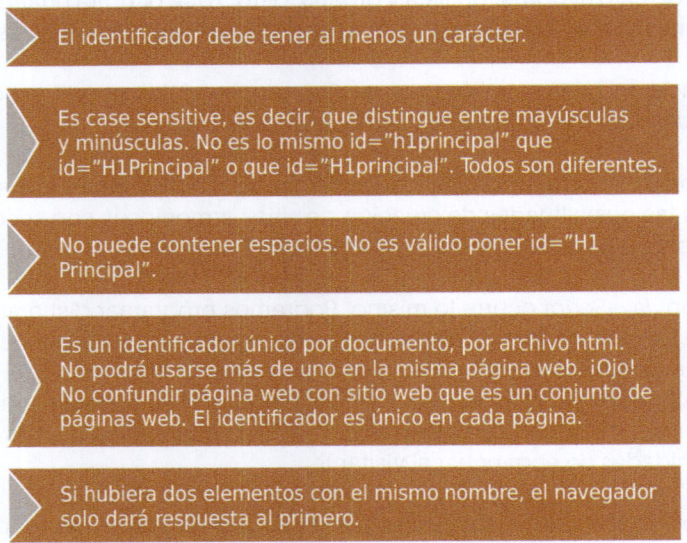

El identificador debe tener al menos un carácter.

Es case sensitive, es decir, que distingue entre mayúsculas y minúsculas. No es lo mismo id="h1principal" que id="H1Principal" o que id="H1principal". Todos son diferentes.

No puede contener espacios. No es válido poner id="H1 Principal".

Es un identificador único por documento, por archivo html. No podrá usarse más de uno en la misma página web. ¡Ojo! No confundir página web con sitio web que es un conjunto de páginas web. El identificador es único en cada página.

Si hubiera dos elementos con el mismo nombre, el navegador solo dará respuesta al primero.

El atributo *class* permite seleccionar a todos los elementos del mismo tipo. Por ejemplo, <h2 class="titular"> identifica a todos los elementos de la misma clase *titular* independientemente de si es <h1> o <h2>.

Para utilizarlo de manera correcta, tendremos que fijarnos en los siguientes puntos:

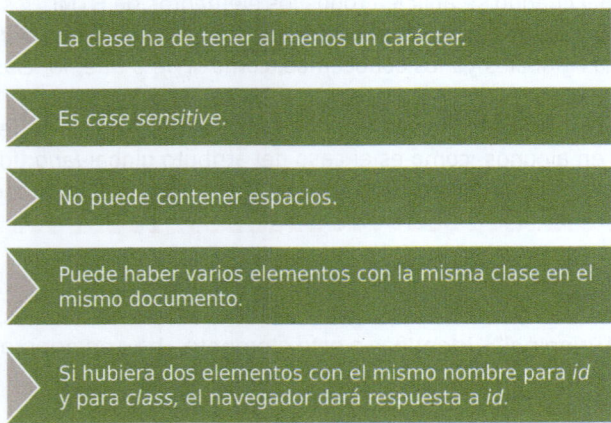

La clase ha de tener al menos un carácter.

Es *case sensitive*.

No puede contener espacios.

Puede haber varios elementos con la misma clase en el mismo documento.

Si hubiera dos elementos con el mismo nombre para *id* y para *class*, el navegador dará respuesta a *id*.

SABÍAS QUE...

Con la etiqueta <span> </span> puedes cambiar de color una parte de un párrafo.

- -

Veamos el ejemplo "index16.html" para comprobar la potencia de estos atributos, aprovechando la ocasión para ver cómo se usa CSS entre las etiquetas <head> y </head> para dar formato a los elementos de texto especificados entre <body> y </body> de un archivo HTML:

```
<!DOCTYPE html>
<html>
    <head>
        <title>Ejemplo de etiquetas span, div y atributos id</title>

<style type="text/css">
div{
    background:lightblue
}

 #div2{
    background:pink
}

p{
    color:darkgreen
}

#parrafo3{
    color:black
}

span{
    color:red
}
```

Continúa en página siguiente >>

<< Viene de página anterior

```
#span3{
        color: green
        }

</style>
</head>
<body>
    <h2>Cien años de soledad</h2>
    <div id="div1">
        <p id="parrafo1">>Muchos años después, frente al pelotón
de fusilamiento, <span id="span1">el coronel Aureliano Buendía</
span> había de recordar aquella tarde remota en que su padre lo
llevó a conocer el hielo
        </p>
    </div>

    <div id="div2">
        <p id="parrafo2"><span id="span2">Macondo </span>era
entonces una aldea de 20 casas de barro y cañabrava construidas
a la orilla de un río de aguas diáfanas que se precipitaban por
un lecho de piedras pulidas, blancas y enormes como huevos
prehistóricos>
        </p>
    </div>

    <div id="div3">
        <p id="parrafo3">El mundo era tan reciente, que muchas
cosas carecían de nombre, y para mencionarlas había que <span
id="span3">señalarlas con el dedo.</span>
        <p>
    </div>

</body>
</html>
```

Hemos creado tres secciones <div> con identificadores div1, div2 y div3.
Hemos pedido que todos los <div> tengan un fondo celeste menos el identificado como div2 que lo tendrá rosa.

También hemos creado tres párrafos <p> con identificadores parrafo1, parrafo2 y parrafo3. Hemos pedido que todos los párrafos tengan un color verde oscuro salvo el identificado por parrafo3 que tendrá color negro.

Por último, hemos creado tres trozos de párrafo <span> con identificadores span1, span2 y span3. Hemos pedido que todos cambien a color rojo salvo el identificado por span3 que cambiará a color verde.

Veamos cómo ha quedado:

Cien años de soledad

>Muchos años después, frente al pelotón de fusilamiento, el coronel Aureliano Buendía había de recordar aquella tarde remota en que su padre lo llevó a conocer el hielo

Macondo era entonces una aldea de 20 casas de barro y cañabrava construidas a la orilla de un río de aguas diáfanas que se precipitaban por un lecho de piedras pulidas, blancas y enormes como huevos prehistóricos>

El mundo era tan reciente, que muchas cosas carecían de nombre, y para mencionarlas había que señalarlas con el dedo.

Resultado del ejemplo "index16.html" con varias etiquetas que cambian de color en base a sus atributos id

3. Inserción de un *background*

 HILO CONDUCTOR

Juan Fernández ve más factible diferenciar las diferentes secciones cambiando los colores de fondo. De esta forma le resultaría más fácil al usuario poder ver la continuidad de un mensaje o pasar a otro.

En los párrafos anteriores ya nos hemos introducido en alguna forma de añadir un fondo o *background* de color:

```
<div style="background-color:lightblue">
        <h1>Este es el título dentro de "<div>"</h1>
        <p>Esto es un párrafo dentro de un "<div>"</p>
</div>
```

Pero también podemos añadir una imagen de fondo en toda la página.

```
<body style="background-image:url(https://dl.wdl.org/9017.png)">
</body>
```

O también en una sección de una página. Veámoslo con el ejemplo "index17.html":

```
<!DOCTYPE html>
<html>
<head>
        <title>Ejemplo de background de una sección</title>
</head>

<body>
        <p>Yo, señora, soy de Segovia. Mi padre se llamó Clemente
Pablo, natural del mismo pueblo; Dios le tenga en el cielo. Fue,
tal como todos dicen, de oficio barbero, aunque eran tan altos
sus pensamientos que se corría de que le llamasen así, diciendo
que él era tundidor de mejillas y sastre de barbas. Dicen que era
de muy buena cepa, y según él bebía es cosa para creer. Estuvo
casado con Aldonza de San Pedro, hija de Diego de San Juan y
nieta de Andrés de San Cristóbal. Sospechábase en el pueblo que
no era cristiana vieja, aun viéndola con canas y rota, aunque ella,
por los nombres y sobrenombres de sus pasados, quiso esforzar
que era descendiente de la gloria.</p>
        <div style="background-image:url(https://dl.wdl.org/9017.
png)">
```

Continúa en página siguiente >>

<< Viene de página anterior

<p>Tuvo muy buen parecer para letrado; mujer de amigas y cuadrilla, y de pocos enemigos, porque hasta los tres del alma no los tuvo por tales; persona de valor y conocida por quien era. Padeció grandes trabajos recién casada, y aun después, porque malas lenguas daban en decir que mi padre metía el dos de bastos para sacar el as de oros. Probósele que a todos los que hacía la barba a navaja, mientras les daba con el agua levantándoles la cara para el lavatorio, un mi hermanico de siete años les sacaba muy a su salvo los tuétanos de las faldriqueras. Murió el angelico de unos azotes que le dieron en la cárcel.</p>
    </div>
 </body>
 </html>

 TAREA 9

Imagina que te piden hacer una página web sobre el libro *Historia de la vida del Buscón llamado don Pablos, ejemplo de vagamundos y espejo de tacaños*, de Francisco de Quevedo. Pero quieren que una de las secciones tenga una imagen en el fondo. Partiendo de la idea presentada en el ejemplo "index17. html", ¿cómo lo harías?

4. Creación de hipervínculos en regiones de la pantalla

 HILO CONDUCTOR

Juan Fernández sigue avanzando en su proyecto de página web para su cliente Ropas Modernas S. L. El diseño *responsive* le obliga a hacer páginas estrechas y

Continúa en página siguiente >>

<< Viene de página anterior

largas. Le gustaría ayudar al visitante a ir directamente a lo que busca. Incluso que el menú de la página lleve al usuario a las secciones que le interesen sin obligarle a hacer todo el recorrido. ¿Habrá algún tipo de enlace interno?

Ya hemos visto cómo crear enlaces, hipervínculos, a otras páginas web:

```
<a href="https://url_de_la_imagen"> Estos es un hipervínculo<a>
```

Pero también podemos enlazar con secciones de la página. Esto se hace con "anclas".

En versiones anteriores a HTML 5 estas anclas se hacían con un atributo llamado <a name="...

Sin embargo, con la llegada de la versión 5 de HTML se vio que era redundante con el atributo *id* y eliminaron *name*.

Así que podemos saltar a la sección dentro de la misma página web que queramos, invocando el atributo *id* de la siguiente manera:

```
<a href="#tnombre_de_id">esto es un ancla</a>
```

Veamos el ejemplo "index18.html":

```
<!DOCTYPE html>
<html>
<head>
       <title>Ejemplo de ancla</title>
</head>
```

Continúa en página siguiente >>

<< Viene de página anterior

```
<body>
    <p id="inicio"><a href="#tercer_parrafo">Ir al tercer párrafo
</a>
    </p>

    <p><a href="#final">Ir al final del todo<a>
    </p>

    <p id="primer_parrafo">Pues sepa vuestra merced ante
todas las cosas que a mí llaman Lázaro de Tormes, hijo de Tomé
González y de Antona Pérez, naturales de Tejares, aldea de
Salamanca. Mi nacimiento fue dentro del río Tormes, por la cual
causa tome el sobrenombre, y fue desta manera. Mi padre, que
Dios perdone, tenía cargo de proveer una molienda de una aceña,
que esta ribera de aquel río, en la cual fue molinero más de quince
años; y estando mi madre una noche en la aceña, preñada de mí,
tomóle el parto y parióme allí: de manera que con verdad puedo
decir nacido en el río.
    </p>

    <p>Pues siendo yo niño de ocho años, achacaron a mi padre
ciertas sangrías mal hechas en los costales de los que allí a
moler venían, por lo que fue preso, y confesó y no negó y padeció
persecución por justicia. Espero en Dios que está en la Gloria,
pues el Evangelio los llama bienaventurados. En este tiempo se
hizo cierta armada contra moros, entre los cuales fue mi padre,
que a la sazón estaba desterrado por el desastre ya dicho, con
cargo de acemilero de un caballero que allá fue, y con su señor,
como leal criado, feneció su vida.
    </p>
    <p id="tercer_parrafo">Mi viuda madre, como sin marido y
sin abrigo se viese, determinó arrimarse a los buenos por ser uno
dellos, y vínose a vivir a la ciudad, y alquiló una casilla, y metióse
a guisar de comer a ciertos estudiantes, y lavaba la ropa a ciertos
mozos de caballos del Comendador de la Magdalena, de manera
que fue frecuentando las caballerizas. Ella y un hombre moreno
de aquellos que las bestias curaban, vinieron en conocimiento.
Este algunas veces se venía a nuestra casa, y se iba a la mañana;
otras veces de día llegaba a la puerta, en achaque de comprar
```

Continúa en página siguiente >>

<< Viene de página anterior

---

huevos, y entrábase en casa. Yo al principio de su entrada, pesábame con él y habíale miedo, viendo el color y mal gesto que tenía; mas de que vi que con su venida mejoraba el comer, fuile queriendo bien, porque siempre traía pan, pedazos de carne, y en el invierno leños, a que nos calentábamos.
    </p>

    <p id="final"><a href="#inicio">Ir arriba del todo</a></p>

</body>
</html>

En este ejercicio hemos creado tres anclas: inicio, final y tercer_parrafo. Hemos creado más *id* pero no se han utilizado.

ACTIVIDAD COMPLEMENTARIA

13. El ejercicio "index18.html" es mucho más útil si se ve en una ventana pequeña o en el móvil. Juega con el tamaño de la ventana de tu ordenador y comprueba que el ejercicio es correcto.

- -

5. Limitaciones del tamaño de las páginas

 **HILO CONDUCTOR**

Juan Fernández ya está a punto de terminar la página, pero comprueba que a veces el contenido se ve mal, como si se saliera de la pantalla. Debe comprobar si se ha saltado algún límite.

- -

La resolución y el tamaño de las pantallas influyen en la apariencia y en el funcionamiento de una página web.

Una vez más debemos hablar sobre la influencia del diseño *responsive,* ya que se encarga de asegurar el buen funcionamiento de las páginas web en las pequeñas pantallas.

Antes de su llegada, las páginas se componían en base a la unión de diferentes secciones y tablas. Esto obligaba a comprender muy bien cuáles son los límites, teniendo en cuenta incluso los márgenes entre secciones que suele ser de unos 5px o 10px.

Lo normal era diseñar para anchos de página en 800 o 1.200 píxeles de ancho. Hoy día se trabaja de diferente manera, priorizando los contenidos individuales. Cada sección se mide en tantos por ciento para que se adapten a todas las pantallas.

En efecto, al dar las medidas en tantos por ciento, irán variando su tamaño y relación frente a otros bloques.

Desde la llegada de HTML 5, esta tarea de dimensionamiento se pone en manos de CSS, aunque aún hay elementos con atributos *width,* como, por ejemplo, <table>, <div>, etc.

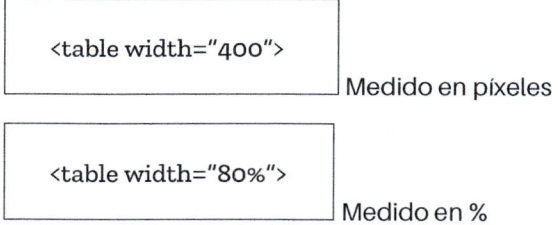

<table width="400">	Medido en píxeles
<table width="80%">	Medido en %

 **APLICACIÓN PRÁCTICA**

En el caso de que un cliente te pidiera que hicieras una página web en la que se viera una cabecera de al menos 800 píxeles, ¿cuáles serían las dimensiones máximas de las fotos a añadir en la cabecera?

Continúa en página siguiente >>

<< Viene de página anterior

Solución

Lo mejor es que sea el propio navegador quien ajuste el tamaño de la foto, dándole un ancho del 100 % para optimizar la foto y la web.

---

6. Optimización del tamaño de los gráficos para una mayor rapidez

👉 **HILO CONDUCTOR**

Juan Fernández está midiendo la velocidad de carga de la página web que está haciendo y comprueba que tarda un poco. Él ha añadido las fotos que la propia empresa, Ropas Modernas S. L., le había enviado. La verdad es que las imágenes eran de muy buena calidad, pero pesaban mucho. Necesita reducir el peso de las imágenes sin perder calidad.

Los navegadores deben poder descargar rápidamente la página web.

Una foto es más pesada que otra por razones de calidad, definición, rango de colores, algoritmo de compresión, etc.

Hay dos formas de optimizar los gráficos: con pérdida de calidad o sin pérdida de calidad.

Si utilizamos la primera forma obtendremos una foto de peor calidad, colores más atenuados y menos capacidad de aumentar el tamaño de la imagen.

Si utilizamos la segunda forma obtendremos una imagen con una extensión diferente, pues lo que se hace es cambiar el algoritmo de compresión.

Hay multitud de editores de imágenes que ayudan a reducir el tamaño de la imagen manteniendo la calidad al máximo.

Algunos de ellos son:

Con todos ellos se puede cambiar la calidad de la fotos o convertirlas a otro formato con su correspondiente cambio de peso.

Otra alternativa para reducir el tamaño de los gráficos es usar imágenes vectoriales e iconos en donde sea posible. Con esta estrategia, la reducción de peso es muy considerable.

7. Limitaciones de la posición de los elementos

☞ HILO CONDUCTOR

Juan Fernández se ha encontrado con unos problemillas de última hora, ajustando la posición relativa de unos elementos con respecto a otros. Tiene que investigar un poco más sobre el tema, pues no termina de afinar la página web contratada por la empresa Ropas Modernas.

La forma en que se distribuyen en la pantalla los diferentes bloques, secciones, imágenes y resto de elementos dependerá del esquema de posicionamiento elegido.

Hay tres esquemas:

Esquema normal

Se aplica por omisión, no hay que añadir nada. En el esquema de posicionamiento normal, los elementos se muestran en la pantalla en el mismo orden en que se encuentran escritos en el archivo de código fuente.

Los elementos (<p>, <h1>, <h2>, etc.) ocupan en su totalidad el ancho de la página y tienen la altura justa para mostrar todo su contenido.

Esquema flotante

Es el que permite que un elemento se muestre a la izquierda o a la derecha de la página con otros elementos a su lado y sin ocupar la totalidad de la pantalla. En el esquema de posicionamiento flotante, los elementos se muestran en la pantalla en el mismo orden en que se encuentran en el código fuente, pero pueden estar desplazados a derecha o izquierda. Para asignar el esquema de posicionamiento flotante a un elemento se utiliza la propiedad *float*.

Esta propiedad se aplica en CSS y se vería así:

```
<head>
<style type="text/css">
    div#enlace{
        float:left;
    }
    div#titulo{
        float:right;
    }

</style>
</head>
```

Esquema absoluto

Permite asignar una posición, la que queramos, a un elemento en la página. En este esquema, los elementos pueden mostrarse en la pantalla en un orden diferente al que tienen en el código fuente. Pueden llegar incluso a superponerse. Para asignar el esquema de posicionamiento absoluto a un elemento se utiliza la propiedad *position*.

También se aplica con CSS y se vería así:

```
<head>
<style type="text/css">
    div#viaje{
        background: url(./images/workshop.png) no-repeat;
        position:relative;
    }
    div#coche{
        position:absolute;
        left:100px;
        top:250px;
    }
    div#manta{
        position:absolute;
        left:340px;
        top:250px;
    }

</style>
</head>
```

 **NOTA**

Lo habitual es no tener en cuenta estos códigos. Son muy útiles, pero su impacto es mucho menor que si desde el principio se diseña la página web con la estructura adecuada y teniendo cuidado con las dimensiones de los elementos que se añadan.

8. Formatos de gráficos admitidos

☞ **HILO CONDUCTOR**

Juan Fernández ya tiene bastante idea de los formatos de gráficos admitidos, pero quiere seguir explorando nuevas posibilidades a fin de optimizar la página web al máximo.

- -

Existen varios formatos de imágenes, que en realidad son distintas maneras de codificar una imagen para conservar la calidad de la imagen tomada con la cámara fotográfica u otro dispositivo al efecto. Veamos algunos de ellos:

JPG	- Es uno de los formatos más usados y de gran compatibilidad con la mayoría de los navegadores. - Puede guardar información del color y de la escala de grises. - Su mayor inconveniente es que presenta pérdida de calidad, por lo que para trabajos profesionales no es muy recomendable. - Otro inconveniente es que su fondo siempre es blanco.
PNG	- Es un formato de compresión que no presenta pérdida de información. - Es un tipo de gráfico que presenta transparencias, pudiendo así integrase en cualquier página web. - Es un formato pesado para no perder información.
WEBP	- Es un nuevo formato de compresión de imagen desarrollado por *Google*, que se ha convertido en un estándar para la navegación y para la creación de páginas web. - Es de código abierto y promete reducciones de peso del 30 %. - Su mayor inconveniente es que algunos navegadores aún no lo leen.
GIF	- Este ya se ha explicado anteriormente, en pocas palabras, poca calidad y movimiento. - También se usa mucho en logotipos sencillos.

Continúa en página siguiente >>

<< Viene de página anterior

| JPEG Progresivo | - Es el recién llegado.
- Funciona como si estuviera formado por varias imágenes solapadas de distintas calidades, que posteriormente se presentan al usuario de forma progresiva.
- Su objetivo es que el usuario pueda ver la imagen al completo aunque sea de poca calidad al principio y que vaya mejorando a medida que se va cargando.
- Se eliminan las demoras y se mantiene al visitante alerta. |
| SVG | - El formato vectorial sin pérdida de calidad ya estudiado en otro tema. |

APLICACIÓN PRÁCTICA

Supongamos que nos encargan elegir los formatos de imágenes para crear una página web de un prestigioso fotógrafo. ¿Qué formatos elegiríamos?

Solución

Al ser una página web de obras de fotografía profesional, habría que mantener el máximo de calidad en todas las imágenes que se usen. Esto puede provocar enormes problemas de velocidad de carga, por lo que habría que usar el formato JPEG progresivo. Otra solución es presentar miniaturas que nos lleven a otra página en la que aparezca la fotografía en un tamaño más grande y de mayor calidad.

9. Resumen

En esta unidad hemos vuelto a repasar las diferentes secciones de una página web y hemos aprendido cómo usar una nueva etiqueta, <div>, que amplía la forma de diferenciar secciones dentro de otras que funcionan como contenedores.

Todos los elementos pueden ser identificados individualmente o por tipo mediante atributos *id* o *class*. Estos atributos o identificadores ayudarán más tarde a definir estilos individuales para cada elemento.

El indicador *id* sirve también como referencia para unir mediante enlaces internos las distintas secciones de una misma página web.

Podremos añadir vistosidad y color a la página web cambiando el fondo de cada sección con los atributos *background.* Incluso podremos añadir imágenes.

Es importante recordar que los límites físicos de una página web los marca la pantalla del usuario, por lo que tendremos que ser lo suficientemente flexibles como para que todo el contenido se adapte a ella.

Por último, hemos repasado los diferentes formatos y características de los gráficos y su uso más recomendable, priorizando los que permitan la adaptación, manteniendo el máximo de calidad y el mínimo peso.

Ejercicios de autoevaluación
Unidad de Aprendizaje 5

1. La etiqueta <aside> sirve para...

    a. ... crear un pie de página.
    b. ... crear una columna lateral.
    c. ... crear una cabecera.
    d. ... añadir vídeos.

2. La etiqueta <div> sirve para...

    a. ... dividir una imagen en dos o más partes.
    b. ... unir dos secciones divididas.
    c. ... añadir una sección nueva dentro de otras secciones o bloques.
    d. ... añadir tablas que se pueden dividir.

3. Determina si la siguiente oración es verdadera o falsa: "La etiqueta <div> solo admite fondos de imágenes".

    ■ Verdadero
    ■ Falso

4. Una etiqueta <p> con un atributo id="padre" significa que...

    a. ... este párrafo en concreto tiene párrafos anidados.
    b. ... ese párrafo en concreto está identificado como "padre".
    c. ... este párrafo en concreto pertenece a la clase "padre".
    d. ... este párrafo en concreto está anidado en la clase "padre".

5. Una etiqueta <h1> con un atributo id="principal", puede ser...

    a. ... modificado mediante CSS.
    b. ... modificado mediante una etiqueta <div>.
    c. ... modificado mediante una etiqueta <title>.
    d. ... modificado mediante un *title*.

6. Determina si la siguiente oración es verdadera o falsa: "<body style="background-image:url(https://dl.wdl.org/9017.png)"> <body> es el código para insertar la imagen con URL https://dl.wdl.org/9017.png como fondo de la cabecera".

   ■ Verdadero
   ■ Falso

7. Para crear un ancla o un atributo interno usamos...

   a. ... la etiqueta <ancla></ancla>.
   b. ... el atributo "id" y la etiqueta <a href:"#....>.
   c. ... el atributo "id" y la etiqueta <ancla href:#....>.
   d. ... el atributo "ancla" y la etiqueta <a href:#....>.

8. Una de las principales limitaciones en el tamaño de una página web es:

   a. El largo de la propia página.
   b. El ancho de las pantallas.
   c. El ancho del navegador.
   d. El largo del navegador.

9. Determina si la siguiente oración es verdadera o falsa: "Las imágenes PNG son el mejor formato en cualquier tipo de página web".

   ■ Verdadero
   ■ Falso

10. Siempre es recomendable probar la página web...

    a. ... en la pantalla grande para asegurar que se puede ver en un *smartphone*.
    b. ... en todos los dispositivos posibles para asegurar su correcto funcionamiento.
    c. ... en un *smartphone* para asegurar que se ve bien en la mayoría de los dispositivos.
    d. ... en una *tablet* por tener un tamaño medio de pantalla.

Glosario

Analítica web
Proceso mediante el cual recabamos información que está relacionada con los usuarios de nuestro desarrollo o sitio web y que nos sirve para la optimización del mismo.

Atributo
Característica de una etiqueta que le confiere ciertas características, la complementa o la identifica.

Background
Fondo de pantalla o de sección.

Banner
Formato de publicidad en internet que consiste en incluir una pieza (normalmente animada en modo gráfico o vídeo) en una web para atraer tráfico a la página del anunciante.

Base de datos
Sistema de almacenamiento de datos al que acceden los programas para ingresar u obtener información.

Blog
Es un diario *online* que recoge cronológicamente textos de uno o varios autores cuya característica principal reside en la libertad de publicación y de opinión de los mismos (tanto por parte de los autores como de la gente que consume el blog).

Branding (marca)
Es una identificación de tipo comercial mediante la cual podemos distinguir unas empresas de otras y obtener información sobre las mismas.

CMS

Software de gestión de contenidos para crear páginas web que incluyen bases de datos.

Correo electrónico

Es un servicio de comunicación directa entre usuarios, muy similar al servicio postal tradicional, que facilita el intercambio de documentos y archivos entre los usuarios y que necesita un *software* específico que facilita el envío y recepción de los correos electrónicos a través de internet.

CSS

Cascade Style Sheet. Lenguaje basado en etiquetas para dar aspecto visual a las páginas creadas en HTML.

Diseño web *responsive*

El diseño web *responsive* o adaptativo es una técnica de diseño web que busca la correcta visualización de una misma página en distintos dispositivos.

E-mail marketing

Técnica de publicidad del *marketing online* que actualmente está muy presente en cualquier campaña publicitaria *online*. El *e-mail marketing* sirve para que las empresas puedan contactar directamente con sus posibles clientes y ampliar información sobre sus productos o servicios, o incluso realizar descuentos o promociones.

Experiencia de usuario

Es el proceso que lleva a cabo el usuario cuando interactúa con un producto.

GIF

Formato de imágenes y vídeos animados de baja resolución y poco peso.

Hipervínculo

Un hipervínculo es un elemento de un documento electrónico o de una página web que hace referencia a otro recurso alojado en el mismo documento o en otro lugar de internet. También se le llama enlace, vínculo, o hiperenlace.

Hosting

Servicio de alojamiento web. Puede ser en un ordenador local o en remoto a través de empresas que aportan toda la infraestructura.

HTML
Hyper Text Markup Language. Lenguaje para la creación de páginas web basado en etiquetas.

Identidad de marca
Son los valores, rasgos y elementos de expresión que definen y dotan de personalidad a una organización.

Internet
Internet es un servicio ofrecido por una red global de superordenadores conectados donde se almacenan archivos o documentos, y sirve de enlace y conexión entre personas y entre ordenadores.

ISP
Proveedor de servicios de internet.

JavaScript
Lenguaje de programación muy usado para dar interacción y dinamismo a las páginas web.

Landing page
Página web a la que llega un determinado usuario de internet tras pulsar un botón de enlace situado en algún *banner* u otro tipo de publicidad distribuido por la red.

Marca comercial
Es un signo mediante el cual los empresarios pueden distinguir sus productos o servicios frente a los de otros (normalmente sus competidores directos).

Marketing web
Igual que el *marketing,* pero se engloba dentro de los medios y canales digitales: internet.

Media Social Marketing
Consiste en monitorizar las principales redes sociales *(X, Facebook,* etc.) en tiempo real para poder obtener información sobre lo que el público o los usuarios de dichas redes sociales están diciendo sobre nuestra empresa, marca, producto y/o servicio.

Navegador
Herramienta (programa o *software)* que permite acceder y navegar por internet facilitando el acceso a documentos, archivos, imágenes, vídeos, webs..., gracias a que traduce el contenido de todos esos elementos que se encuen-

tran en los servidores *(host)* utilizando los protocolos correspondientes para ello.

Nombre comercial

Es el signo o denominación mediante el cual identificamos a una empresa en el Registro Mercantil y que, a efectos legales y otros, sirve para identificarla, individualizarla y poder distinguirla del resto de empresas que están enclavadas en el mismo sector.

Palabra clave

Término de búsqueda formado por una o más palabras que hace que un anuncio aparezca en el buscador, o en los sitios asociados, cuando un usuario lo incluye en su consulta.

Píxel

Código insertado junto a un enlace para hacer seguimiento del comportamiento del usuario.

Plan de *marketing online*

Una estrategia que desarrollan las empresas o comercios *online* con el fin de alcanzar sus objetivos comerciales y aumentar oportunidades de mercado.

Posicionamiento web

Consiste en aplicar diferentes técnicas para aparecer en las primeras posiciones de los buscadores web tras una búsqueda concreta.

Proveedor de *hosting*

Empresa que alquila o vende servicios de alojamiento de páginas web.

Ranking

Posición de una web en la página de resultados de un buscador.

Resolución de pantalla

Es el número de píxeles que puede ser mostrado en la pantalla.

ROI

Más conocido por *Return On Investment* (retorno de la inversión), se corresponde con un valor económico que es generado mediante la puesta en marcha de actividades en las que se implica directamente el *marketing*.

RR. HH.

Departamento de recursos humanos, se encarga de organizar y maximizar el desempeño de los trabajadores de una determinada empresa con el fin de aumentar su productividad.

Segmentación

Práctica consistente en orientar los esfuerzos de publicidad y *marketing* hacia un subconjunto específico del mercado considerado relevante por su perfil; este grupo se denomina público objetivo y generalmente está definido en función de criterios sociodemográficos (edad, ubicación, nivel económico, sexo), aunque internet permite aplicar todo tipo de variables de manera creativa en la segmentación de usuarios.

SEM *(Search Engine Marketing)*

Estrategia de *marketing* directo y publicidad para posicionar negocios en los listados de los buscadores para que sean encontrados por sus potenciales clientes.

SEO

Técnica usada para la optimización de sitios o desarrollos web para que alcancen el mejor posicionamiento en los buscadores de internet.

Servidor web

Ordenador que aloja una página web y permite el acceso a otras personas a través de internet.

Sitemap

Archivo interno que contienen las webs donde se incluye el listado de pestañas/páginas que contienen estas y facilitan las búsquedas de los buscadores de internet.

Smartphone

Teléfono móvil con acceso a internet, pantalla gráfica y sistema operativo para que se puedan instalar otros programas.

SVG

Formato de imagen que mantiene la calidad aunque cambie de tamaño, porque está construida con algoritmos matemáticos.

Telemarketing

Servicio de venta o promoción de productos realizado a través del teléfono o internet.

TIC

Son un conjunto de tecnologías desarrolladas para gestionar la información y poder enviarla de un sitio a otro, utilizando principalmente internet.

Timelapse

Es una técnica que consiste en presentar en vídeo varias imágenes de sucesos que, normalmente, se producen a velocidades muy lentas.

TPV

Terminal punto de venta. Herramienta que se conecta con el banco para tramitar los cobros con tarjeta.

Usabilidad

Concepto que se refiere a la facilidad de uso, de comprensión y de interacción de una herramienta, servicio, aplicación o página web.

Web

Es un documento que contiene, combina y aglutina diversos recursos (texto, imágenes, sonidos, vídeos...), al que se accede mediante una dirección digital llamada URL.

Bibliografía

Textos electrónicos, bases de datos y programas informáticos

→ *Cómo crear un GIF,* de: <https://www.ionos.es/digitalguide/paginas-web/diseno-web/crear-un-gif/>.

   Página web en la que nos informan de cómo crear un GIF animado y de las herramientas disponibles para hacerlo.

→ *Cómo crear un manual de identidad corporativa,* de: <https://blog.hubspot.es/marketing/branding-e-identidad-corporativa-guias-de-estilo>.

   Página web en la que nos informan de los puntos que hemos de tener en cuenta para crear una marca corporativa.

→ *Cómo elegir un nombre de dominio,* de: <https://www.emprendedores.es/gestion/g72277/elegir-nombre-dominio-web-hosting-internet/>.

   Página web de la revista Emprendedores en la que dan consejos para elegir un nombre de dominio.

→ *Essential Landing Page Cour, de:* <https://www.getresponse.com/resources/courses/essential-landing-page-course>.

   Curso para hacer *landing pages* creado por uno de los mayores proveedores de recursos para *e-mail marketing*.

→ *Google Analytics, de:* <https://marketingplatform.google.com/intl/es/about/analytics/>.

   Plataforma perteneciente a *Google* en la cual se explican los principales objetivos de la herramienta *Analytics* para analítica web.

→ *Guía de optimización en buscadores (SEO) para principiantes,* de: <https://support.google.com/webmasters/answer/7451184?hl=es>.

   Guía básica de *Google* para aprender a mejorar el SEO de una página web.

→ *Material Design de Google,* de: <https://material.io/design/>.

    Página web de Google de referencia que aporta materiales e ideas de diseño para crear páginas web.

→ *MDN Web Docs de Fundación Mozilla,* de: <https://developer.mozilla.org/es/docs/Web/HTML>.

    Página web de referencia internacional sobre HTML, CSS y *JavaScript.* En español.

→ *Tutorials de w3schools.com,* de: <https://www.w3schools.com>.

    Página web de referencia internacional sobre HTML, CSS y *JavaScript.*